안일당 시조집

솔바람이 그리워

이원희 지음

한 우물을 크고 깊게 파고
온 누리 마시려네
해오름 먼저 받아
일러 줘 알 장거라
한 배검 시퍼런 발랄
깨우치는 소리라

신초년 친구 안일당의 출판기념
백두산에서를 쓰다 김준자

청미 김군자 축필 (안일당 시조)

책머리에

 안일당(安一堂)이 첫 시조집을 내게 되었다. 큰 그릇은 늦게 이루어진다는 말이 생각난다. 십칠 년 전에서부터 읊은 것들을 모아놓은 것이다. 그 때 한가락 모임에 나와서 남달리 정성을 들여 읊었던 것들을 하나하나 모아 그 소재들의 설명에 사진까지 곁들여 아담한 시조집이 되었다.
 한가락 시조모임은 주로 역사현장에 가서 역사를 공부하고 그것을 소재로 하여 시조를 지어 읊었던 것이다. 물론 옛날 시조의 원형을 되살려 보려는 것으로 회원들이 빙 둘러앉아 차례대로 돌려가며 읊는 것이었다. 읊는다는 것은 노래로 부른다는 것으로, 시조란 이름이 바로 곡조, 즉 가락이라는 뜻으로 붙여진 것이고, 고려 때 중국에서 들여온 한시창(漢詩唱), 즉 율(律)을 하던 선비들이 우리의 것도 불러보자 하여 읊기 시작해 생겨난 우리의 고유 독특한 자랑스런 음악이요 문학인 것이다. 따라서 시조는 선비의 노래라고 일컬어진다. 때문에 시조는 한자말이나 외래어보다는, 순수한 우리의 고유어를 살려내 읊는 것이 그 본령이라 하겠다. 또한 정형성을 벗어나서도 아니 되는 것이다.
 우리 한가락 모임은 이런 우리만의 자랑스런 예술, 시조를 바르게 제 모습대로 이어 전해가기 위해서 이십일 년 전에 만들어져 한 달에 한 번씩 빠짐없이, 주로 뜻있게 살다간 선비들의 유적지를 찾아 역사공부와 아울러 시조를 읊고 있다. 시조가락은 호흡이 긴 노래인지라, 그 유장한 맛은 세계 어느 나라에도 없는 멋스런 것이라 할 수

있겠다. 그래 시조의 원형은 단시조로 시작되어 돌려가며 읊었던 돌림노래라. 이 안일당의 『솔바람이 그리워』는 그 시조의 본 모습을 그대로 살려낸, 요사이엔 보기 드문 시조집이라 할 수 있다. 뿐인가, 글 가운데에는 우리의 옛스런 토박이말들을 잘 살려내고 있어, 정말로 우리말의 값을 마음껏 활용한 본보기가 되고도 남을 것이다. 초·중·종장의 글자수를 맞추는 외형률 또한 반드시 흩뜨려서는 안되는 모범을 보이고 있어 더욱 좋다.

  안일당은 동천서숙(東天書塾)에서 한문을 배운 것도 이십여 년이 넘는다. 한문이란 우리의 전통을 익히는 데에 아주 좋은 학문이다. 시조란 우리의 노래이니 우리의 것을 담아 읊어야 한다. 전통을 담아내지 못하는 글은 생명력이 없다. 글뿐이겠는가, 그 나라에 사는 그 나라 사람들은 그 나라의 전통을 알고 그 나라 정신으로 살아야 하는데, 하물며 글 쓰는 사람으로서는 더 말할 나위가 없겠다. 그러나 공부란 끝이 없는 것이라, 더 갈고 닦으면서 노력을 계속해야 되는 것이겠다. 열심히 공부하고 있는 안일당이니 앞날을 기대하며 두 번째 시조집을 기대해 본다.

하얀 토끼해 검은 미르달
동천서숙에서
최 권 홍

목 차

▫ 축시 • 3
▫ 책머리에 • 5

◦ 함경도·강원도 ◦

1. 백두산(白頭山)에서 • 12
2. 경모재(敬慕齋)에서 • 14
3. 김립묘(金笠墓)에서 • 16
4. 두암공묘(杜菴公墓)에서 • 18

◦ 경기도·인천광역시 ◦

1. 경모재(敬慕齋)에서 • 22
2. 구성재(駒城齋)에서 • 24
3. 금은공묘(琴隱公墓)에서 • 26
4. 남곡재(南谷齋)에서 • 28
5. 도산재(陶山齋)에서 • 30
6. 두산재(斗山齋)에서 • 32
7. 명인각(明禋閣)에서 • 34
8. 모선재(慕先齋)에서 • 36
9. 모선재(慕先齋)에서 • 38
10. 무안재(務安齋)에서 • 40
11. 봉가지(奉哥池)에서 • 42
12. 사가재(四可齋)에서 • 44
13. 상수재(湘水齋)에서 • 46
14. 서운재(書雲齋)에서 • 48
15. 송헌공묘(松軒公墓)에서 • 50
16. 여와공묘(麗窩公墓)에서 • 52
17. 연화사(延華祠)에서 • 54
18. 의덕사(懿德祠)에서 • 56
19. 일로공묘(逸老公墓)에서 • 58
20. 추원재(追遠齋)에서 • 60
21. 충모재(忠慕齋)에서 • 62
22. 풍양재(豊壤齋)에서 • 64

○ 충청남·북도 ○

1. 경충재(景忠齋)에서 • 68
2. 남창재(南昌齋)에서 • 70
3. 망모재(望慕齋)에서 • 72
4. 명탄서원(鳴灘書院)에서 • 74
5. 묵정서원(墨井書院)에서 • 76
6. 부양재(扶陽齋)에서 • 78
7. 상산재(常山齋)에서 • 80
8. 성암서원(聖巖書院)에서 • 82
9. 세일재(歲一齋)에서 • 84
10. 어은재(漁隱齋)에서 • 86
11. 영모재(永慕齋)에서 • 88
12. 영모재(永慕齋)에서 • 90
13. 영사재(永思齋)에서 • 92
14. 오류서사(五柳書社)에서 • 94
15. 율리사(栗里祠)에서 • 96
16. 정승공묘(政丞公墓)에서 • 98
17. 충간공묘(忠簡公墓)에서 • 100
18. 충효재(忠孝齋)에서 • 102
19. 태사묘(太師廟)에서 • 104
20. 태사사(太師祠)에서 • 106
21. 학당재(學堂齋)에서 • 108
22. 화원재(花園齋)에서 • 110

○ 경상남·북도·대구광역시 ○

1. 개운재(開雲齋)에서 • 114
2. 경모재(景慕齋)에서 • 116
3. 경수당(敬收堂)에서 • 118
4. 경의재(景義齋)에서 • 120
5. 낙동서원(洛東書院)에서 • 122
6. 능동재(陵洞齋)에서 • 124
7. 대흥군묘(大興君墓)에서 • 126
8. 도연서원(道淵書院)에서 • 128
9. 도은재(陶隱齋)에서 • 130
10. 망송재(望松齋)에서 • 132
11. 맥산재(麥山齋)에서 • 134
12. 모선정(慕先亭)에서 • 136
13. 무열공묘(武烈公墓)에서 • 138
14. 무우정(舞雩亭)에서 • 140
15. 미석재(彌石齋)에서 • 142
16. 봉강재(鳳岡齋)에서 • 144
17. 봉정재(鳳停齋)에서 • 146
18. 부해정(浮海亭)에서 • 148
19. 산천재(山泉齋)에서 • 150
20. 성곡재(城谷齋)에서 • 152
21. 성구사(誠久祠)에서 • 154
22. 송림재(松林齋)에서 • 156
23. 수일재(隨日齋)에서 • 158
24. 숭덕재(崇悳齋)에서 • 160

25. 숭의재(崇義齋)에서 • 162
26. 숭의재(崇義齋)에서 • 164
27. 양진당(養眞堂)에서 • 166
28. 옥계서원(玉溪書院)에서 • 168
29. 용강사(龍岡祠)에서 • 170
30. 전서공묘(典書公墓)에서 • 172
31. 첨모재(瞻慕齋)에서 • 174
32. 청계서원(淸溪書院)에서 • 176
33. 청금정(淸襟亭)에서 • 178
34. 춘복재(春福齋)에서 • 180
35. 태장재(台庄齋)에서 • 182
36. 퇴은정(退隱亭)에서 • 184
37. 학음재(鶴陰齋)에서 • 186
38. 효사재(孝思齋)에서 • 188

◦ 전라남·북도·광주광역시 ◦

1. 거평사(居平祠)에서 • 192
2. 겸천서원(謙川書院)에서 • 194
3. 경사재(敬思齋)에서 • 196
4. 금남재(錦南齋)에서 • 198
5. 덕성당(德星堂)에서 • 200
6. 미남재(嵋南齋)에서 • 202
7. 반곡서원(泮谷書院)에서 • 204
8. 송암정(松菴亭)에서 • 206
9. 숭덕재(崇德齋)에서 • 208
10. 숭의재(崇義齋)에서 • 210
11. 여일재(麗日齋)에서 • 212
12. 영모재(永慕齋)에서 • 214
13. 영모재(永慕齋)에서 • 216
14. 영모정(永慕亭)에서 • 218
15. 영사각(永思閣)에서 • 220
16. 영운재(永雲齋)에서 • 222
17. 오충사(五忠祠)에서 • 224
18. 용호재(龍湖齋)에서 • 226
19. 우산서원(牛山書院)에서 • 228
20. 월현사(月峴祠)에서 • 230
21. 일신재(日新齋)에서 • 232
22. 장사재(長沙齋)에서 • 234
23. 재동서원(齋洞書院)에서 • 236
24. 중선재(重先齋)에서 • 238
25. 청지정(聽之亭)에서 • 240
26. 추원재(追遠齋)에서 • 242
27. 충경서원(忠敬書院)에서 • 244
28. 충의사(忠義祠)에서 • 246
29. 풍욕루(風浴樓)에서 • 248
30. 향보재(享保齋)에서 • 250

함경도 · 강원도

1. 백두산(白頭山)에서 · 12
2. 경모재(敬慕齋)에서 · 14
3. 김립묘(金笠墓)에서 · 16
4. 두암공묘(杜菴公墓)에서 · 18

1. 백두산(白頭山)에서

한 우물 크고 깊다
온 누리 마시려니

해오름 먼저 밝혀
일러줘 앞장서라

한배검 시퍼런 바람
깨우치는 소리다

때: 4333년(2000년) 8월 5일
곳: 백두산 - 함경도

함경도·강원도 편 13

장백폭포에서

일송정에서

2. 경모재(敬慕齋)에서

돋는 해 마다 하고
그늘로 숨어 들어

높은 이 찾아오나
혀끊어 보여주네

저 곧은 오리발 나무
쉬어가라 부른다

때: 4328년(1995년) 11월 5일
곳: 경모재(敬慕齋) - 강원도 횡성군 횡성읍 정암리

▶ **경모재**(敬慕齋)

고려말 충신 이반계(李攀桂) 송헌(松軒)공을 추모하는 곳이다. 공은 벼슬이 예부상서(禮部尙書)에 이르렀으나 임신변역을 당해 원운곡(元耘谷)과 원주 치악산에 숨었다. 신조에서 병조판서(兵曹判書)와 우의정(右議政)으로 불렀으나 나아가지 않으니 왕이 직접 찾아오게 된다. 그러나 약을 마시고 혀를 끊어 말을 못하고 누워있다가 얼마 후 '말도 못하고 손으로 글씨도 쓰지 못하게 되어 살아서 무엇하랴'하고 밥을 물리친 지 일주일 만에 돌아갔다.

송헌공묘에서

3. 김립묘(金笠墓)에서

비바람 그어주고
햇볕도 가려주나

버거운 할비 삿갓
곳곳서 뱉은 설움

그래도 못다푼 말은
저 가람에 푼다네

때: 4334년(2001년) 7월 1일
곳: 김립묘(金笠墓) - 강원도 영월군 하동면 와성리

▸ **김립묘**(金笠墓)

　조선 순조 때 시인으로, 김삿갓으로 불렸으며 본명은 김병연(金炳淵)이다. 안동김씨(安東金氏)로, 순조 11년 홍경래난 때 선천부사였던 조부 김익순이 홍경래에게 항복한 죄로 폐족 처분을 받아 영월로 은둔하였다. 20세에 동헌 백일장에서 <정가산의 충성스러운 죽음을 논하고, 김익순의 죄가 하늘에 이를 정도였음을 통탄해보라>는 시제가 본인의 조부를 비판하라는 내용인 줄은 모르고 그는 조부를 탄핵하는 글을 지어 장원에 뽑혔다. 집에 돌아와 집안내력을 듣고는 자신을 죄인으로 자처하여 삿갓을 쓰고 방랑생활을 시작하였다.

김립묘에서

4. 두암공묘(杜菴公墓)에서

도래솔 푸른 그늘
움푹 팬 눕자리라

오늘도 거북바위
아들과 굽어모셔

이 언덕 찾는 이마다
품은 뜻을 기린다

때: 4336년(2003년) 8월 3일
곳: 두암공묘(杜菴公墓) - 강원도 정선군 정선읍 용탄리

▶ **두암공묘**(杜菴公墓)

　고려말 충신 두암(杜菴)공 전분(全賁) 선생을 추모하는 곳이다. 여흥왕 때 문과에 급제하여 봉익대부 첨서밀직사사 보문각대제학(奉翊大夫僉書密直司事寶文閣大提學) 지춘추관사삼사사겸대사성(知春秋館事三司使兼大司成)에 올랐다. 나라가 그릇되자 관직을 버리고 고향에 들어와 평생을 마쳤다. 문충보절좌리공신(文忠保節佐理功臣) 광정대부도첨의좌참찬(匡靖大夫都僉議左參贊)에 추증되었다.

두암공묘에서

경기도·인천광역시

1. 경모재(敬慕齋)에서 • 22
2. 구성재(駒城齋)에서 • 24
3. 금은공묘(琴隱公墓)에서 • 26
4. 남곡재(南谷齋)에서 • 28
5. 도산재(陶山齋)에서 • 30
6. 두산재(斗山齋)에서 • 32
7. 명인각(明禋閣)에서 • 34
8. 모선재(慕先齋)에서 • 36
9. 모선재(慕先齋)에서 • 38
10. 무안재(務安齋)에서 • 40
11. 봉가지(奉哥池)에서 • 42
12. 사가재(四可齋)에서 • 44
13. 상수재(湘水齋)에서 • 46
14. 서운재(書雲齋)에서 • 48
15. 송헌공묘(松軒公墓)에서 • 50
16. 여와공묘(麗窩公墓)에서 • 52
17. 연화사(延華祠)에서 • 54
18. 의덕사(懿德祠)에서 • 56
19. 일로공묘(逸老公墓)에서 • 58
20. 추원재(追遠齋)에서 • 60
21. 충모재(忠慕齋)에서 • 62
22. 풍양재(豊壤齋)에서 • 64

1. 경모재(敬慕齋)에서

오가던 고갯마루
하이얀 모눕자리

어버이 섬김 다함
남다른 어진이라

옛 서울 자리한 윗돌
오늘에도 이어져

때: 4343년(2010년) 1월 10일
곳: 경모재(敬慕齋) - 경기도 안양시 동안구 관양동

▶ **경모재**(敬慕齋)

　고려말 충신 김순(金恂) 문영(文英)공을 추모하는 곳이다. 공은 상락군 김방경 장군의 제3자로 고종 45년에 태어나, 문음으로 장생서승(掌牲署丞)이 되었고 충렬왕 때 금방(金榜) 부원(副元)이 되었다. 아버지 충렬공이 일본을 정벌하러 갈 때 공이 먼저 알고 배에 올라 아버지를 도와 공을 세웠다.

경모재

2. 구성재(駒城齋)에서

망아지 키워왔던
아늑한 푸른 벌에

크고도 곧은 마음
키워낸 두 대들보

더 높고 더 어질도록
그 뜻 이어 이으리

때: 4329년(1996년) 8월 18일
곳: 구성재(駒城齋) - 경기도 용인시 기흥읍 영덕리

▶ **구성재**(駒城齋)

고려말 충신 이중인(李中仁) 진초(秦楚)공을 추모하는 곳이다. 공은 충정왕 때 삼중대광 삼한벽상공신 문하우시중 팔도평의사 겸 판병조사 영경령전사 구성부원군으로 추봉되었다. 공은 임신변역을 당해 성거산으로 들어가 불에 타 죽으려 했으나 자손들이 말려 뜻대로 못하고 구성땅으로 숨어들었고, 아들 손자에 유훈을 남겨 3대 충효를 이루었다.

구성재

3. 금은공묘(琴隱公墓)에서

숨은 길 굽이굽이
솔숲에 우뚝하다

하이얀 빗돌에는
고운님 옛 자취라

마주해 읊어본 노래
마디마디 옳도다

때: 4342년(2009년) 12월 6일
곳: 금은공묘(琴隱公墓) - 경기도 연천군 중면 적거리

▶ 금은공묘(琴隱公墓)

고려말 충신 이양소(李陽昭) 금은(琴隱)공을 추모하는 곳이다. 공은 여흥왕 임술년에 이방원과 함께 사마시에 합격하였고, 성균관에서도 그와 같이 공부하였다. 공은 고려가 망하자 연천 도당곡에 숨었는데, 이때 이방원이 찾아와 공을 곡산부사로 임명하였으나, 공은 나가지 않고 절개를 지켰다.

금은공 공부를 끝내고

4. 남곡재(南谷齋)에서

물 좋은 마 고을에
우뚝한 다락 마루

푸름에 취한 매미
어진이 그림인가

맑음을 즐기신 노래
여섯온의 고리여

때: 4332년(1999년) 8월 22일
곳: 남곡재(南谷齋) - 경기도 용인시 양지면 주북리

▶ **남곡재**(南谷齋)

고려말 충신 이석지(李釋之) 남곡(南谷)공을 추모하는 곳이다. 공은 경상도 안렴사를 거쳐 판도판서 보문각 대제학에 이르렀으나 고려 말에 국정이 어지러워지니 벼슬을 내던지고 용인 별서(別墅)에 내려와 남곡이라 호하며 지냈다. 신조에서 불렀으나 절개를 굽히지 않았고 아들에게 훈계하여 부귀를 탐하지 말도록 했다.

남곡재

5. 도산재(陶山齋)에서

도래솔 눕자리에
새싹이 뾰족뾰족

애와쁜 고운님이
깨끗이 지킨 다락

노래와 한잔 술로써
기다리리 올제를

때: 4339년(2006년) 3월 19일
곳: 도산재(陶山齋) - 경기도 남양주시 와부읍 도곡리

▶ **도산재**(陶山齋)

고려말 충신 박가흥(朴可興) 정후(靖厚)공을 추모하는 곳이다. 공은 음직으로 산원에 보임되어 전법판서와 군부판서를 역임하였다. 간성왕 2년에 윤이 이초의 옥사에 연루되어 목은 이색 등 삼십여명이 투옥되었다. 이성계 제거를 모의 중에 윤기택의 밀고로 발각되어 목숨을 잃었다.

도산재

6. 두산재(斗山齋)에서

아내의 마지막 말
귓결에 묻어두고

머나먼 나랏일에
지팡이 겨웠는데

오늘은 하얀 눈 속에
소복소복 묻힌다

때: 4334년(2001년) 1월 7일
곳: 두산재(斗山齋) - 인천광역시 강화군 불은면 두운리

▶ **두산재**(斗山齋)

고려말 충신 허유전(許有全) 충목(忠穆)공을 추모하는 곳이다. 공은 충숙왕 때 가락군에 봉해졌고, 단성수절공신의 호를 받았으며 후에 정승이 되었다. 충선왕이 원나라의 인질로 가서 토번에 억류되었을 때, 81세 나이로 원나라에 가서 충선왕을 모신 충절을 보였다.

두산재

7. 명인각(明禋閣)에서

도래솔 볕바른 터
나란히 아비 아들

일곱 번 부른다고
참 길목 바꾸리오

너새틈 높새 바람도
어진이에 잦는다

때: 4339년(2006년) 12월 10일
곳: 명인각(明禋閣) - 경기도 고양시 덕양구 행신동

▶ **명인각**(明禋閣)

고려말 충신 유 파은(柳坡隱)공을 추모하는 곳이다. 공의 휘는 혜손(惠孫)으로, 아들과 함께 절개를 지킨 분이다. 충숙왕 때 요직을 거쳐 벼슬이 문하첨의평리 판후덕부사에 올랐으나, 고려 정치가 어지러워지자 벼슬을 내놓고 유유자적하였다.

명인각

8. 모선재(慕先齋)에서

높으신 할아버지
우러러 모시는 집

옷깃을 여미고서
기리는 노래인데

푸근한 아낙들 솜씨
흠뻑 젖는 나그네

때: 4333년(2000년) 7월 2일
곳: 모선재(慕先齋) - 경기도 파주시 월롱면 능산리

▶ **모선재**(慕先齋)

　고려말 충신 김윤남(金允南) 감무(監務)공을 추모하는 곳이다. 공은 벼슬이 낭천감무에 이르렀을 때 나라일이 그릇되어가는 것을 보고 남 먼저 모든 것을 버리고 장포로 숨어들었다. 임신변역에 세상과 인연을 끊고 살며 삭망에는 뒷산에 올라 송도를 바라보고 통곡재배하니 사람들이 그 봉우리를 국사봉이라 불렀다. 아우 양남(揚南) 일로(逸老)공도 형을 따라 절의를 지켰다.

모선재에서

9. 모선재(慕先齋)에서

뜨는 해 가리는덴
거짓 뫼 으뜸이라

셋이서 부는 피리
솔대를 울리는데

무섭게 깨우치심은
보여주신 임의 넋

때: 4333년(2000년) 12월 3일
곳: 모선재(慕先齋) - 경기도 의정부시 낙양동

▶ 모선재(慕先齋)

고려말 충신 원선(元宣) 양촌(陽村)공을 추모하는 곳이다. 공은 벼슬이 판삼사좌윤에 이르렀으나 임신변역에 두문동에 들어 새 조정에서 여러 번 부름에도 응하지 않고 다시 양주 송산으로 숨었다. 그곳엔 조 송산(趙松山)공과 정 설학재(鄭雪壑齋)공도 같이 숨어들어 밤이면 피리로써 또는 거문고로 분함과 슬픔을 달래며 같이들 울기도 했다. 그래서 마을 이름을 삼귀(三歸)라고도 한다.

모선재에서

10. 무안재(務安齋)에서

　　소나무 대나무다
　　뉘뉘로 단단해져

　　일으킨 맑은 바람
　　그 누가 막으리오

　　몇 즈믄 남은 글들이
　　어둠 속에 빛나네

때: 4332년(1999년) 5월 2일
곳: 무안재(務安齋) - 경기도 양주군 회천읍 옥정리

▶ **무안재**(務安齋)

고려말 충신 유천(兪蕆) 송은(松隱)공을 추모하는 곳이다. 공은 벼슬이 예의판서에까지 올랐으나, 임신변역을 당해 망국의 신하로 자처하고 3일을 울다가 부조현을 넘어 만수산에 들었다가, 다시 금천(金川)땅으로 숨어들어 호를 송은(松隱)이라 하며 매양 앉을 때에는 송악을 향해 앉았었다. 신조에서 여러 번 불렀으나 굳게 절개를 지켜 나가지 않았고, 귀산사(歸山詞) 10운을 남겼으며, 아들들도 유언을 따라 벼슬에 나가지 않았다.

송은공단에서

11. 봉가지(奉哥池)에서

봄빛이 머문 못가
그 옛날 아이나와

나랏님 이름내려
하늪이 쓰임받다

집안도 크게 일으켜
고을까지 빛냈다

때: 4344년(2011년) 3월 6일
곳: 봉가지(奉哥池) - 인천광역시 강화군 하점면 부근리

▶ **봉가지**(奉哥池)

봉가지는 하음백 봉우(奉佑) 하음(河陰)봉씨 시조 탄생지다. 고려 문효왕(예종) 때 석함이 내려와 노파가 왕께 바쳤다고 한다. 이에 이름과 성을 하사받았다. 인종때 과거에 급제 벼슬이 정당문학 좌복야(政堂文學左僕射)에까지 이르고 하음백에 봉해졌다.

봉가지에서

12. 사가재(四可齋)에서

흰 구름 벗하면서
그렇게 살으리라

씨알들 보듬고서
참글로 달래준 이

맑은 물 마중물 되어
솟으리라 힘차게

때: 4334년(2001년) 6월 3일
곳: 사가재(四可齋) - 인천광역시 강화군 길상면 길직리

▶ **사가재**(四可齋)

　고려 의종 때 충신 이규보(李奎報) 백운(白雲)공을 추모하는 곳이다. 고종 4년에 우사간이 되었으나, 최충헌 논단에 대해 부하의 무고로 좌사간으로 좌천되었다. 최충헌이 사망하자, 최이에 의해 한림학사, 시강학사, 국자좨주가 되었으며, 1237년 문하시랑 평장사에까지 올랐다. 문집으로 동국이상국집과 국선생전이 있으며, 강좌칠현의 한 분으로 삼혹호 선생으로 불렸다.

사가재

13. 상수재(湘水齋)에서

새해의 첫자락에
찾아온 솔뫼로다

나랏님 사돈되어
머나먼 귀양살이

맑은 물 흘러 흘러서
여섯 온을 흐른다

때: 4344년(2011년) 2월 13일
곳: 상수재(湘水齋) - 경기도 양주시 남면 상수리

▶ **상수재**(湘水齋)

고려말 충신 남양(南陽) 홍공(洪公)을 추모하는 곳이다. 공의 휘는 지(智), 자는 명철(明哲)로, 공은 영민하여 일찍 벼슬이 임진도승에 올라 개성왕씨와 혼인을 했다. 임신변역에 왕족과 사돈인 관계로 남해 거제도로 귀양을 갔다. 후에 사면되어 사재감직장(司宰監直長)의 벼슬로 불렀으나 나가지 않고 절개를 지켰다.

상수재

14. 서운재(書雲齋)에서

너른 골 볕바른 따
두즘게 우듬지라

비 바람 밤새맞고
갠 아침 기다린다

아들 딸 맺은 두 집안
여섯 온 해 받들어

때: 4339년(2006년) 2월 5일
곳: 서운재(書雲齋) - 경기도 의왕시 포일동

▶ **서운재**(書雲齋)

고려말 충신 김수(金綏) 서운관정(書雲觀正)공을 추모하는 곳이다. 공은 음서로 산원벼슬에 나가 서운관정공에 이르렀다. 고려가 망하자 고향에 내려오니 새 조정에서 옛 벼슬로 여러 번 불렀으나 불사이군의 지조로 끝내 사양했다.

서운재

15. 송헌공묘(松軒公墓)에서

맏아우 서울 그려
눈물로 타는 가락

끊길 듯 이어지며
마고을 젖어드네

할미꽃 어여뻬보라
한할아비 그리워

때: 4333년(2000년) 6월 4일
곳: 송헌공묘(松軒公墓) - 경기도 용인시 원삼면 고당리

▶ **송헌공묘**(松軒公墓)

고려말 충신 설풍(薛馮) 송헌(松軒)공의 유택이다. 공은 형 암곡(巖谷)공을 따라 벼슬에 나아갔었으나 권간들의 날뛰는 모습에 어찌할 수 없음을 알고 물러나 시골로 와 거문고와 책으로 일삼으며 동지들과 더불어 세월을 보냈는데 신조에서 병조참의로 불렀으나 끝내 나아가지 않고 비분강개한 뜻을 시로 남겼었는데 지금 전하는 것은 없다.

송헌공묘에서

16. 여와공묘(麗窩公墓)에서

외로운 솔대 언덕
햇덩이 뒤로 하고

우뚝한 높은 곳을
그어간 높새바람

뜻 있어 찾은 한가락
쓸쓸하지 않다오

때: 4332년(1999년) 3월 7일
곳: 여와공묘(麗窩公墓) - 경기도 의왕시 내손동 포일리

▶ **여와공묘**(麗窩公墓)

고려말 충신 서견(徐甄) 여와(麗窩)공 유택이다. 공은 벼슬이 장령이었는데 조준, 정도전, 남은 등을 탄핵하다 도리어 귀양을 갔다가 고려 운이 다하니 금천으로 숨어들어 종신토록 한양을 대하지 않고, 울분을 7언절구로 하나 읊어놨더니 신조에서 죄를 주려는 의론들이 분분했다. 그러자 방원이 "어찌 이씨왕조는 무궁하리요! 훗날 서견같은 신하가 있다면 가상하지 않겠냐"며 "상을 줄지언정 벌을 주겠는가" 했다 한다.

여와공묘에서

17. 연화사(延華祠)에서

더 높임 마다하고
숨으신 말먹이터

고운 빛 닷집 위로
나래편 임의 모습

넉넉히 지킬 것이라
자랑스런 내 할배

때: 4334년(2001년) 10월 7일
곳: 연화사(延華祠) - 경기도 용인시 이동면 서리

▶ **연화사**(延華祠)

고려 말 충신 이원발(李元發) 은봉(隱峯)공을 추모하는 곳이다. 공은 전공판서, 상호군, 문무양반으로 고려가 망하자 벼슬을 버렸다. 새 조정에서 좌의정으로 불렀으나, 끝내 관직으로 나가지 않고 절개를 지켰다. 높은 벼슬을 수차례 거절한 공의 대절은 연안이씨의 후손으로서 정말 자랑스럽다.

연화사에서

18. 의덕사(懿德祠)에서

솔언덕 아름다이
이만큼 멀리 서서

부채로 가려 보나
구름내 씻어 주네

가리라 풀옷 입고서
모진 바람 재우리

때: 4331년(1998년) 10월 11일
곳: 의덕사(懿德祠) - 경기도 평택시 장안동

▶ **의덕사**(懿德祠)

고려말 충신 차원부(車原頫) 운암(雲巖)공을 추모하는 곳이다. 공은 나라일이 그릇되어감에 수운암동으로 숨어들어 여가에 왕씨, 차씨, 유씨의 대동보를 해주 신광사에가 비로소 만들면서 하윤, 정도전, 함부림, 조영규 등은 차씨 처가 낳은 서출들임을 족보에 적어 넣었다. 임신변역 후 부름에 응하지 않다가 포의로 서울에 가 난시에는 공이 있는 이에게 대를 잇게 하는 법임도 일러주고 내려오다 마중 나온 81명의 차씨 일가사람들과 함께 몰살당했다.

운암공 공부를 하며

19. 일로공묘(逸老公墓)에서

누런 들 앞자락에
들꽃도 넉넉한데

옛 서울 그리던 곳
뫼마루 눕자리라

한가람 넘지않은 뜻
이은 이들 알리라

―――――――――
때: 4340년(2007년) 10월 7일
곳: 일로공묘(逸老公墓) - 경기도 연천군 전곡읍 고릉리

▶ **일로공묘**(逸老公墓)

고려말 절신 김 일로(金逸老)공을 추모하는 곳이다. 공의 휘는 양남(楊南)이며 강릉김씨(江陵金氏)이다. 여흥왕 8년에 진사가 되어 대과에 올랐다. 임신변역에 두문하여 세상일을 끊었는데, 신조에서 사헌부지평으로 예를 갖춰 불렀으나 끝내 나아가지 않았다.

일로공 공부를 하며

20. 추원재(追遠齋)에서

해가림 어리눅어
도린곁 어진이라

앞선 뜻 크신 사랑
뒷날의 지킴이라

그 옛날 부르신 노래
이제 알아 아쉽다

때: 4336년(2003년) 10월 5일
곳: 추원재(追遠齋) - 경기도 남양주시 진건읍 용정리

▶ **추원재**(追遠齋)

고려 충신 변 대은(邊大隱)공을 추모하는 곳이다. 공의 휘는 안열(安烈)이며, 문무를 겸비한 분이다. 공은 공양왕이 왕에 오르면서 삭탈관직과 함께 유배되었으며, 역성혁명이 일어나자 스스로 자결하였다. 공의 불굴가(不屈歌)가 지금까지 전해지고 있다.

추원재

21. 충모재(忠慕齋)에서

굴밖땅 밟지 않고
햇빛도 아니 보신

굳은 뜻 서린 바위
눈속에 찾아와서

하이얀 발자국 따라
임의 모습 새긴다

때: 4334년(2001년) 2월 4일
곳: 충모재(忠慕齋) - 경기도 양주시 은현면 봉암리

▶ **충모재**(忠慕齋)

　고려말 충신 남을진(南乙珍) 문안(文安)공을 추모하는 곳이다. 공은 공민왕 때 현량과에 장원급제하여 벼슬이 정헌대부 참지문하부사에 올랐다. 공은 임신변역 후, 감악산 봉우리 아래에 있는 석굴 남선굴에서 1년여를 살다가 세상을 떠났다.

충모재

22. 풍양재(豊壤齋)에서

눈밭에 돋우어져
밝아진 눕자리라

한울님 맞은 바우
맏이로 새 힘 받고

알았네 독정이 속내
이어 이어 알리리

―――――――――――
때: 4336년(2003년) 2월 9일
곳: 풍양재(豊壤齋) - 경기도 남양주시 진건읍 송능리

▶ **풍양재**(豊壤齋)

고려국 통합 삼한 벽상개국공신 조 시중(趙侍中)공을 추모하는 곳이다. 풍양조씨 시조로 공은 고려를 세우는데 큰 공이 있어 일등공신으로 벽상에까지 올랐으며, 이름을 맹(孟)으로 하사받았다.

풍양재

충청남·북도

1. 경충재(景忠齋)에서 • 68
2. 남창재(南昌齋)에서 • 70
3. 망모재(望慕齋)에서 • 72
4. 명탄서원(鳴灘書院)에서 • 74
5. 묵정서원(墨井書院)에서 • 76
6. 부양재(扶陽齋)에서 • 78
7. 상산재(常山齋)에서 • 80
8. 성암서원(聖巖書院)에서 • 82
9. 세일재(歲一齋)에서 • 84
10. 어은재(漁隱齋)에서 • 86
11. 영모재(永慕齋)에서 • 88
12. 영모재(永慕齋)에서 • 90
13. 영사재(永思齋)에서 • 92
14. 오류서사(五柳書社)에서 • 94
15. 율리사(栗里祠)에서 • 96
16. 정승공묘(政丞公墓)에서 • 98
17. 충간공묘(忠簡公墓)에서 • 100
18. 충효재(忠孝齋)에서 • 102
19. 태사묘(太師廟)에서 • 104
20. 태사사(太師祠)에서 • 106
21. 학당재(學堂齋)에서 • 108
22. 화원재(花園齋)에서 • 110

1. 경충재(景忠齋)에서

어여쁜 붉은 넋에
숙여진 누루기벌

솔잎에 맺힌 이슬
열이면 마르리오

이어온 올곧은 노래
새겨보고 갑니다

때: 4330년(1997년) 9월 28일
곳: 경충재(景忠齋) - 충청남도 예산군 응봉면 지석리

▶ **경충재**(景忠齋)

고려말 충신 도응(都膺) 노은(魯隱)공을 추모하는 곳이다. 공은 벼슬이 찬성사에 이르렀으나 임신변역 후 신조에서 여러 번 불렀으나 다 나아가지 않고 강상을 지켰으며, 초명 유(兪)를 응(膺)으로 고치고 홍주 노은동으로 숨었다. 유계를 남겨 벼슬살지 말라했고 비석도 세우지 말라고 했다.

경충재

2. 남창재(南昌齋)에서

서울 손 비 맞으며
반기는 검은 빗돌

인끈을 벗어버린
올곧은 어진이의

아픈맘 이무속에서
달래면서 그린다

때: 4334년(2001년) 8월 5일
곳: 남창재(南昌齋) - 충청남도 논산시 은진면 남산리

▶ **남창재**(南昌齋)

고려말 충신 손효정(孫孝貞) 남은(南隱)공을 추모하는 곳이다. 여흥왕 11년 문과 급제 화직을 거쳐 중정대부 삼사좌윤에 이르렀으나, 고려의 운이 다하자 벼슬에서 물러났다. 그리고 신조에서 예로 수차례 불러도 나가지 않고 양주로 숨어 살다가 생을 마쳤다.

남창재

3. 망모재(望慕齋)에서

아늑한 거북 고을
쟁기로 밭갈던 곳

눈꽃에 누우신 임
저마다 더 푸르고

눈햇살 따사로움에
멀리 온 손 녹이네

때: 4329년(1996년) 12월 1일
곳: 망모재(望慕齋) - 충청남도 홍성군 구항면 내현리

▶ **망모재**(望慕齋)

　고려말 충신 전귀생(全貴生) 뇌은(耒隱)공을 추모하는 곳이다. 공은 벼슬이 삼사좌윤 밀직제학에 이르렀으나 임신변역에 두문동에 숨었다가 다시 서해 절도로 들어갔는데, 벽란도를 건너며 채다의, 박전서공과 주고 받은 시가 전하며 그 후 다시는 나오지 않았으니 그 뒤를 알 수 없으나 전하는 말에 홍주 해도에 전횡사가 있었는데 공의 시를 걸어놨었다 한다.

망모재 앞에서

4. 명탄서원(鳴灘書院)에서

옛 고을 솔대숲에
숨어든 어진이라

풀머리 아들들에
이름한 숨은 뜻이

오늘에 글로 남아서
더욱 맑게 빛난다

때: 4340년(2007년) 5월 13일
곳: 명탄서원(鳴灘書院) - 충청남도 공주시 월송동

▶ 명탄서원(鳴灘書院)

고려말 절신으로 이명성(李明誠) 송은(松隱)공을 추모하는 곳이다. 공은 목은 이색 선생의 문하에서 학문을 닦아, 고려 때 벼슬이 적성감무(積城監務)를 거쳐 감찰어사(監察御史)가 되었고, 문장이 뛰어나 임금께 올리는 글을 짓는 지제고(知制誥)의 막중한 업무를 겸무하였다.

명탄서원

5. 묵정서원(墨井書院)에서

낭비골 두루미 뫼
머구미 맑은 물에

휘두른 덕인체가
온 누리 지키었네

다섯 온 오리발나무
비에 더욱 푸르러

때: 4330년(1997년) 6월 1일
곳: 묵정서원(墨井書院) - 충청북도 청원군 낭성면 관정리

▶ **묵정서원**(墨井書院)

고려말 충신 신덕린(申德隣) 순은(醇隱)공을 추모하는 곳이다. 공은 벼슬이 예의판서 겸 보문각제학에 이르렀고, 특히 붓글씨로 예서, 초서가 아주 뛰어났다. 임신변역에 사돈 김충한(金沖漢)공과 같이 두류산(마한뫼)으로 숨어, 아들 호촌(壺村) 등 3인이 함께 절의를 지켰다. 공은 또한 목은, 야은, 도은, 교은, 제공과 더불어 6은(六隱)으로도 일컬어진다.

묵정서원

6. 부양재(扶陽齋)에서

지는 해 잡으시려
물러나 우뚝서서

올곧음 지키라고
일깨운 하늘뫼여

하이얀 언덕 위에서
시린 마음 녹인다

때: 4331년(1998년) 2월 1일
곳: 부양재(扶陽齋) - 충청남도 부여군 부여읍 중정리

▶ **부양재**(扶陽齋)

고려말 충신 김거익(金居翼) 퇴암(退庵)공을 추모하는 곳이다. 공은 벼슬이 정당문학에 이르렀으나 임신변역이 일어나자 부여로 숨어들었다. 신조에서 불렀으나 나가지 않았으며, 임종에 유언하여 신조에서 내린 직함을 묘도에 쓰지 말라고 했다. 그런데 이를 강제로 쓰게 하여, 갑자기 마른하늘에서 벼락소리가 나더니 비석이 깨졌다고 한다.

부양재

7. 상산재(常山齋)에서

밟지도 않으리라
높새도 불지마라

인끈을 던져버린
곧은 내 할아버지

못난 날 이제 찾으니
까치 저리 반기네

때: 4331년(1998년) 7월 5일
곳: 상산재(常山齋) - 충청북도 진천군 덕산면 두촌리

▶ **상산재**(常山齋)

　고려말 충신 송광보(宋匡輔) 죽계(竹溪)공을 추모하는 곳이다. 공은 벼슬이 예부상서에 이르렀으나 정포은 피화시에 안성군사로 나갔다가 고려의 운이 다하니 송경을 바라보고 3일을 통곡하고 벼슬을 버리고 진천으로 숨어들어 거문고와 책으로 나날을 보냈다. 신조에서 여러 번 불렀으나 나아가지 않고 또 부르면 황해에 빠져 죽을 것이라 했고 세상을 다할 때까지 한양 길을 밟지 않았다.

죽계공묘 앞에서

8. 성암서원(聖巖書院)에서

두온 째 늦가을에
찾아온 배움 터라

꿈 속에 일러주던
앞선 이 우뚝한데

남다른 어버이 받듦
일깨워준 참 선비

때: 4339년(2006년) 11월 5일
곳: 성암서원(聖巖書院) - 충청남도 서산시 읍내동

▶ **성암서원**(聖巖書院)

고려말 충신 유문희(柳文僖)공을 추모하는 곳이다. 공은 봉상대부 예문관직제학(奉常大夫藝文館直提學), 그리고 춘추관편수(春秋館編修)를 맡았으며 판도판서와 전리판서에까지 올랐다. 홍건적난 때, 공민왕을 모시고 안동으로 피난을 갔다가 동경유수(東京留守)가 되었는데 백성들과 관리들이 헤어짐을 몹시 애석해했다.

성암서원

9. 세일재(歲一齋)에서

맑은 골 고개 마루
말 매던 그루터기

소나무 아름드리
넉넉한 울타리라

눕자리 아늑하도다
아들딸들 퍼지리

때: 4335년(2002년) 8월 4일
곳: 세일재(歲一齋) - 충청북도 청원군 남일면 가산리

▶ 세일재(歲一齋)

고려 개국공신 태위(太尉)공 한란(韓蘭)을 추모하는 곳이다. 청주한씨(淸州韓氏) 시조로, 향학을 일으키고 무농정을 세웠다. 왕건이 후백제 견훤을 정벌할 때, 공은 십만 대군을 맞아 하룻밤을 재우고 먹이는 등 고려국 창업에 이바지하였다. 공은 고려의 개국공신이 되어 벼슬이 삼중대광태위(三重大匡太尉)에 오르고, 벽상공신이 되었다.

세일재

10. 어은재(漁隱齋)에서

일찍이 남다름에
솟아난 모쟁이 샘

높은 이 마다하고
어버이 받드시니

솔숲에 어울린 대를
바라보는 아들들

때: 4329년(1996년) 1월 7일
곳: 어은재(漁隱齋) - 충청남도 홍성군 금마면 송암리

▶ **어은재**(漁隱齋)

고려말 충신 복위룡(卜渭龍) 어은(漁隱)공을 추모하는 곳이다. 공은 벼슬이 사온서직장이었으나 임신변역에 홍주 여수동으로 숨어들었다. 신조에서 불렀으나 끝내 물리치고, 부모님 봉양으로 즐거움을 삼았다. 아들도 아버지 뜻을 따라 모든 벼슬을 버리고 물러나 아버지를 극진히 모심에, 없던 샘물이 솟아나 시묘살이에 도움이 되었다 하여 그 샘물을 효자천이라 했다.

어은공묘 앞에서

11. 영모재(永慕齋)에서

우뚝한 세 봉우리
두발로 끌어안고

누런벌 앞자락을
지키는 모습이여

새쫓던 허수아비도
서울 선비 반긴다

―――――――――
때: 4334년(2001년) 9월 2일
곳: 영모재(永慕齋) - 충청남도 예산군 대흥면 탄방리

▶ **영모재**(永慕齋)

고려말 충신 서한(徐閈) 소윤(小尹)공을 추모하는 곳이다. 벼슬이 고려 조봉대부 군기소윤 서공으로, 특히 공의 유택이 해복혈로 명당이 틀림없어 이후에 후손이 조선조에서 3대 정승과 3대 대제학이 나온 명문이다.

영모재

12. 영모재(永慕齋)에서

느개 뒤 찾은 가람
꽃망울 벙그는데

힘다해 싸운 옛님
쫓겨서 이곳 저곳

그래도 붉은 마음은
굶어가며 지켰다

때: 4339년(2006년) 4월 2일
곳: 영모재(永慕齋) - 충청남도 아산시 인주면 금성리

▶ **영모재**(永慕齋)

고려말 충신 의재(毅齋) 지용기(池湧奇)공을 추모하는 곳이다. 공은 고려말 충신으로 뛰어난 장군이었다. 왜를 물리쳐 문하찬성사(門下贊成事)와 판삼사사(判三司事)에 올랐으며 충원부원군(忠原府院君)에 봉해졌다. 친하게 지내던 포은이 화를 당하자, 자신의 운명을 예감하고 13일을 굶다가 세상을 떠났다.

영모재

13. 영사재(永思齋)에서

깊은 밤 그 날 모여
뒷날을 다짐했고

곰나루 배를 몰아
큰 일을 이룩하니

새로운 이름도 얻어
우러르는 뫼마루

때: 4335년(2002년) 4월 7일
곳: 영사재(永思齋) - 충청남도 연기군 전의면 유천리

▶ **영사재**(永思齋)

전의이씨(全義李氏)의 시조 휘 도(棹)인 태사(太師)공을 추모하는 곳이다. 벼슬이 익찬이등공신 삼중대광태사(翊贊二等功臣三重大匡太師)로, 공은 왕건이 백제를 정벌할 때 금강 물이 불어나자, 물살을 잘 살펴 왕의 어가를 무사히 건너게 함으로써 대승의 공이 컸다.

영사재에서

14. 오류서사(五柳書社)에서

누른 벌 푸른 솔뫼
고운님 누우셨다

높푸른 한 마음을
아들들 이어가니

버들들 큰 그늘되어
고을 이름 바꿨네

때: 4328년(1995년) 9월 17일
곳: 오류서사(五柳書社) - 충청남도 예산군 광시면 광시리

▶ **오류서사**(五柳書社)

고려말 충신 박유(朴愈) 유은(柳隱)공을 추모하는 곳이다. 공은 문과에 합격하여 남평감무로 나갔었는데 임신변역을 만나 벼슬을 버리고 대흥 오류동으로 숨어들어 처음 이름 유(悠)를 유(愈)로 고쳤다. 자손에게 훈계를 남겨 몇 대 동안은 과거를 보지 말라 하였다. 그 후 며느리는 효부로 정려를 받아 마을 이름이 효부촌이라 하며, 손자 증손자들까지 벼슬에 나아가지 않았다.

오류서사

15. 율리사(栗里祠)에서

물굽이 따라 숨은
밤고을 새 움트니

넉넉한 한 울타리
온 누리 따듯하다

나서서 빗장을 여니
모여드는 어진이

때: 4335년(2002년) 3월 3일
곳: 율리사(栗里祠) - 충청남도 서천군 비인면 율리

▶ **율리사**(栗里祠)

고려말 충신 신기(申淇) 온수감(申溫水監)공을 추모하는 곳이다. 공은 신숭겸 장군의 후손이다. 성품이 충직하고 학문과 덕행이 반듯하여, 간성왕 때 온수감에 제수되었으나 임신변역으로 국운이 기울자 두문동에 들어가서 망복의 의를 지키다가 분사했다.

율리사에서

16. 정승공묘(政丞公墓)에서

비바람 잦아들길
솔뫼서 기다리며

바른 말 일러주나
메아리 비켜가네

한가락 이름 올리니
이은 이들 흐뭇해

때: 4340년(2007년) 3월 4일
곳: 정승공묘(政丞公墓) - 충청남도 보령시 웅천읍 평리

▶ **정승공묘**(政丞公墓)

고려말 절신인 정승 남은(藍隱)공을 추모하는 곳이다. 공의 휘는 향(珦), 본관과 성씨는 풍천임씨(豊川任氏)로, 벼슬이 정승(政丞)에까지 올랐으나 호가 없어 한가락 모임에서 남은(藍隱) 이라는 호를 짓고 고유제를 올렸다. 임신변역에 신조에서 여러 번 불렀으나 협조하지 않고 시서로 여생을 깨끗이 보냈고 특히 아들 안길(安吉)과 손자 준(俊)까지 대쪽 같은 마음으로 두 임금을 섬기지 않고 절개를 지켰다.

정승공묘에서

17. 충간공묘(忠簡公墓)에서

봄볕에 아늑한 터
솔바람 꽃내 가득

새 임금 찾아오나
끝끝내 지킨 벼리

빗돌이 우뚝히 남아
오늘 우리 반긴다

때: 4340년(2007년) 4월 1일
곳: 충간공묘(忠簡公墓) - 충청남도 당진군 당진읍 시곡리

▶ **충간공묘**(忠簡公墓)

고려말 절신인 충간(忠簡)공을 추모하는 곳이다. 휘가 황(璜), 호는 후송(後松)이며, 관향이 남원(南原)인 윤씨(尹氏)이다. 공은 어려서 등과하여 광정대부 문하평리(匡靖大夫門下評理)에 오르고 공조전서(工曹典書)를 역임했다. 임신변역에 송악산에서 두문수절하였다.

충간공묘에서

18. 충효재(忠孝齋)에서

어버이 섬기면서
보듬던 어린 임금

옳은 뜻 펼치려다
둥지 튼 따오기뫼

지켜본 오리발나무
오늘에야 말한다

때: 4333년(2000년) 5월 7일
곳: 충효재(忠孝齋) - 충청북도 청원군 오창면 양지리

▶ **충효재**(忠孝齋)

이 판관(判官)공을 추모하는 곳이다. 공은 전의(全義)인으로 이름이 의석(義碩)이다. 벼슬이 수의부의를 지나 홍주판관이 되었다. 단종이 선위함에 강개함을 이기지 못해 벼슬을 버리고 단종 복위에 힘쓰다가 귀양을 갔다. 공은 뜻을 같이하는 사람과 학문을 연찬하며 시폐를 바로잡으려 향약(鄕約)을 만들고 삼강오륜을 세우고자 애썼다.

충효재에서

19. 태사묘(太師廟)에서

바위틈 엇뿌리나
사비솔 더 푸르다

앞장선 지킴이라
까치놀 땅끝까지

저 앞을 알심을 품어
굽어보는 미륵이

때: 4336년(2003년) 3월 2일
곳: 태사묘(太師廟) - 충청남도 부여군 임천면 군사리

▶ **태사묘**(太師廟)

충절(忠節)공 태사(太師) 유금필(庾黔弼) 장군을 추모하는 곳이다. 공은 용맹한 장수로 태조를 도와 골암진에서 오랑캐 북번을 쳐서 물리쳤고, 백제를 크게 이겨 도통대장군이 되었다. 후일 책훈이 삼중대광 통합삼한 익찬공신(三重大匡統合三韓翊贊功臣)이 되었고, 태사(太師)에 추증되었다.

태사묘 앞 느티나무에서

20. 태사사(太師祠)에서

앞장서 나라열고
슬기로 지켜내어

새 이름 넉넉한 힘
고운 딸 낳았더니

우뚝한 오리발나무
선비 다락 우물샘

때: 4335년(2002년) 7월 7일
곳: 태사사(太師祠) - 충청남도 당진군 순성면 양유리

▶ **태사사**(太師祠)

고려 개국공신 복지겸(卜知謙) 장군을 추모하는 곳이다. 면천 복씨(沔川卜氏) 시조로 왕건을 도와 삼한을 통합하였고, 환선길과 임춘길의 모반을 막아서 나라를 편안하게 하였다. 홍유, 신숭겸, 배현경과 더불어 일등공신으로 봉해졌고, 이름을 지겸(知謙)으로 하사받았다.

면천은행나무 앞에서

21. 학당재(學堂齋)에서

구름샘 아홉구비
터잡아 다락얽고

떠가는 구름속에
조오는 할아버지

시원한 맑은 바람에
옷자락을 여민다

때: 4343년(2010년) 12월 5일
곳: 학당재(學堂齋) - 충청남도 연기군 전동면 미곡리

▶ **학당재**(學堂齋)

학당재는 김 전서(典書)공과 학당(學堂)공 두 분을 모시는 재실이다. 학당공은 고려말에 나라가 날로 그릇되자 귀향하여 운주산 서쪽에 띠집을 얽고 학당을 열어, 후학들에게 경서와 유학을 가르쳐 인재를 길러냈다. 특히 아버지 전서공을 모시고 절개를 지키며 올곧게 사신 분이다.

전서공묘 앞에서

22. 화원재(花園齋)에서

칼바람 이겨내고
뻗어간 줄기줄기

꽃씨앗 아름답게
저렇게 피어났네

가라지 물준 할머니
웃으시리 빙그레

때: 4334년(2001년) 3월 4일
곳: 화원재(花園齋) - 충청북도 충주시 신니면 문락리

▶ **화원재**(花園齋)

고려말 충신 석여명(石汝明) 화원(花園)공을 추모하는 곳이다. 공은 공민왕 때 성균생원으로 대과하여 벼슬이 문하주서에 올랐다. 공의 할머니 최씨는 태조 이성계의 이모가 되므로, 태조는 한성윤, 집현전 제학 등으로 공에게 새 조정 참여를 권했는데, 공은 거절하고 절개를 지켰다.

화원재에서

경상남·북도·대구광역시

1. 개운재(開雲齋)에서 • 114
2. 경모재(景慕齋)에서 • 116
3. 경수당(敬收堂)에서 • 118
4. 경의재(景義齋)에서 • 120
5. 낙동서원(洛東書院)에서 • 122
6. 능동재(陵洞齋)에서 • 124
7. 대흥군묘(大興君墓)에서 • 126
8. 도연서원(道淵書院)에서 • 128
9. 도은재(陶隱齋)에서 • 130
10. 망송재(望松齋)에서 • 132
11. 맥산재(麥山齋)에서 • 134
12. 모선정(慕先亭)에서 • 136
13. 무열공묘(武烈公墓)에서 • 138
14. 무우정(舞雩亭)에서 • 140
15. 미석재(彌石齋)에서 • 142
16. 봉강재(鳳岡齋)에서 • 144
17. 봉정재(鳳停齋)에서 • 146
18. 부해정(浮海亭)에서 • 148
19. 산천재(山泉齋)에서 • 150
20. 성곡재(城谷齋)에서 • 152
21. 성구사(誠久祠)에서 • 154
22. 송림재(松林齋)에서 • 156
23. 수일재(隨日齋)에서 • 158
24. 숭덕재(崇悳齋)에서 • 160
25. 숭의재(崇義齋)에서 • 162
26. 숭의재(崇義齋)에서 • 164
27. 양진당(養眞堂)에서 • 166
28. 옥계서원(玉溪書院)에서 • 168
29. 용강사(龍岡祠)에서 • 170
30. 전서공묘(典書公墓)에서 • 172
31. 첨모재(瞻慕齋)에서 • 174
32. 청계서원(淸溪書院)에서 • 176
33. 청금정(淸襟亭)에서 • 178
34. 춘복재(春福齋)에서 • 180
35. 태장재(台庄齋)에서 • 182
36. 퇴은정(退隱亭)에서 • 184
37. 학음재(鶴陰齋)에서 • 186
38. 효사재(孝思齋)에서 • 188

1. 개운재(開雲齋)에서

일찍이 걷힌 구름
드러난 재주 두루

나란한 맏아우들
그림도 더욱 좋아

깨끗함 디딤돌 되어
지켜가리 뉘뉘로

때: 4331년(1998년) 8월 23일
곳: 개운재(開雲齋) - 경상북도 상주시 개운동

▶ **개운재**(開雲齋)

고려말 충신 김선치(金先致) 낙성군(洛成君)을 추모하는 곳이다. 낙성군은 문무를 겸해 공민왕 때 홍건적 평정에 공을 세워 일등공신에 봉해졌고, 전리판서(典理判書)에 올랐으며 동북면 순문사(巡問使) 계림부윤, 동지밀직 전라도 도순문사(同知密直 全羅道都巡問使)를 거치면서 군호를 받아 형 상락군, 상산군과 더불어 3원수 형제로 이름났다. 임신변역에 두문동에 들어갔다가 다시 상주 산양현으로 숨었다. 신조에서 여러 번 불렀으나 나오지 않고 낙동강에서 낚시하며 높은 절개를 지켜갔다.

개운재

2. 경모재(景慕齋)에서

도굴 뫼 깊은 골로
곧은 이 숨어들어

임계신 서울 보며
밝은 때 기다리니

찬바람 대숲 사이로
붉은 해가 솟는다

때: 4330년(1997년) 2월 2일
곳: 경모재(景慕齋) - 경상남도 의령군 대의면 신전리

▶ **경모재**(景慕齋)

　고려말 충신 옥사온(玉斯溫) 정은(正隱)공을 추모하는 곳이다. 공은 벼슬이 진현관제학(進賢館提學)에 이르렀는데 고려 운이 끝나니 벼슬을 버리고 거제도로 들어가 호를 해은(海隱)이라하며 나오지 않았다. 신조에서 여러 번 불렀으나 나가지 않고 의령으로 숨어들어 야은 등과 왕래하며 시를 주고 받았으며, 벽에 송악도를 그려 걸어놓고 아침저녁으로 슬피울다 생을 마쳤다.

경모재

3. 경수당(敬收堂)에서

일곱개 별돌 둘린
아늑한 다락이라

나랏님 갈음맺음
보듬어 지켜내니

새해에 옛님을 찾아
배우련다 어진 얼

때: 4337년(2004년) 1월 4일
곳: 경수당(敬收堂) - 경상북도 성주군 벽진면 수촌리

▶ **경수당**(敬收堂)

경수당(敬收堂)은 이총언(李悤言) 벽진 장군(碧珍將軍)을 추모하는 곳이다. 신라말기 벽진군(碧珍郡) 태수 시절, 도둑이 들끓어 어지러울 때 난리를 잘 다스려 태조가 대광벼슬을 주고 사위로 삼았다. 신라와 후백제가 싸울 때에도 동남쪽을 막은 공으로 벼슬이 삼중대광 개국원훈 벽진장군(三重大匡開國原勳碧珍將軍)에 이르렀다.

경수당

4. 경의재(景義齋)에서

한 마음 지키려고
맏아우 길 달랐네

푸른솔 올곧음을
가르친 어버이 뜻

멀리온 나그네들에
돌아보라 하신다

―――――――――
때: 4329년(1996년) 7월 7일
곳: 경의재(景義齋) - 경상북도 청송군 파천면 덕천리

▶ **경의재**(景義齋)

　고려말 충신 심원부(沈元符) 악은(岳隱)공을 추모하는 곳이다. 간성왕 때 벼슬이 전리판서(典理判書)에 이르렀으나 권간들의 농정에 벼슬을 버리고 임신변역에 두문동으로 들어가며 자식들에 말하기를 "나를 따라 숨지 말고 내 산에 든 날로 죽은 날을 삼아 3년상을 치른 뒤에는 책이나 읽으며 농사나 힘써 부귀를 탐하지 말라" 했다.

경의재

5. 낙동서원(洛東書院)에서

잘 가꾼 놀이마당
자리한 옛 배움터

끝끝내 지킨 벼리
함께한 여섯이라

는개는 배동바지가
더욱더욱 풋풋해

때: 4340년(2007년) 9월 2일
곳: 낙동서원(洛東書院) - 대구광역시 달서구 상인동

▶ **낙동서원**(洛東書院)

낙동서원은 양호당(養浩堂) 또는 독락옹(獨樂翁)이라 불리는 우현보(禹玄寶)를 모시는 서원이다. 공은 공민왕 4년에 과거를 합격하여 여러 벼슬을 거쳐 여흥왕 때에 문하시중이었으나 위화도 회군으로 인해 멀리 유배되었다. 후에 단양부원군(丹陽附院君)으로 봉해졌을 때 정포은이 피살당하자 몰래 해풍현(海豊縣)에 장사지내주었다 한다.

양호당 공부를 하며

6. 능동재(陵洞齋)에서

고타야 넉넉한 터
한다락 시원하다

그 옛날 망나니들
물리쳐 바로잡아

고운 임 기림을 받아
뻗어가는 내림이

때: 4336년(2003년) 5월 4일
곳: 능동재(陵洞齋) - 경상북도 안동시 서후면 성곡동

▶ 능동재(陵洞齋)

고려 개국공신(高麗開國功臣) 권행(權幸)을 추모하는 곳이다. 공은 신라김씨(新羅金氏) 왕실의 후예로 김선평, 장길과 함께 왕건을 도와 후삼국 통일에 공을 세운 개국공신이다. 특히 고창군 병산싸움에서 견훤을 크게 이겨 병기달권(炳幾達權)이란 칭호와 함께, 삼한공신삼중대광태사(三韓功臣三重大匡太師)에 성을 권씨(權氏)로 하사받았다.

능동재

7. 대흥군묘(大興君墓)에서

새벽 터 거무내에
이어온 어진 이들

뿌리도 바꾸시고
빗돌도 마다한 임

움돋는 냉이꽃다지
기다리는 가시내

때: 4333년(2000년) 3월 5일
곳: 대흥군묘(大興君墓) - 경상북도 의성군 다인면 송호리

▶ 대흥군묘(大興君墓)

고려말 충신 이연계(李連桂) 대흥군(大興君)의 유택이다. 공은 벼슬이 예문관제학(藝文閣大提學)으로 이성계와 육촌간으로 임신변역을 말리는데 힘쓰다 양양(예천)으로 귀양을 갔고 그 후 풀려나 대흥군(大興君)에 봉해짐으로써 전주에서 관향을 갈라서 오늘의 대흥이씨(大興李氏)의 시조로 불리게 되었다. 공은 다인 옛 고을에서 숨어 살며 유언하기를 '전주이씨(全州李氏)라 하지 말고 지문과 묘갈도 쓰지 말라' 하였다.

대흥군묘에서

8. 도연서원(道淵書院)에서

진달래 솔대 내에
이끌린 땅끝마을

벗님과 마주한 글
기둥에 깊이 새겨

올제엔 더 밝은 누리
깨끗하길 꿈꾼다

때: 4332년(1999년) 4월 11일
곳: 도연서원(道淵書院) - 경상남도 고성군 마암면 도전리

▶ **도연서원**(道淵書院)

　고려말 충신 허기(許麒) 호은(湖隱)공을 추모하는 곳이다. 공은 공민왕 때 홍건적 난리에 큰 공이 있어 공훈을 받았고, 익위장군 보승중랑장(翊威將軍 保勝中郎將)이 되었다. 공은 이 석탄(李石灘)공을 구하려고 상소하다 고성 바닷가로 귀양을 갔고, 임신변역을 당하니 다시 탄식을 마지않았다. 신조에서 여러 번 불렀으나, 망복의 뜻을 굳게 하며 바다 위쪽 바닷가에 집을 짓고, 가끔 야은공을 만나러 금오산에도 가고 목은공과 편지와 시를 주고 받으며 깨끗한 생을 마쳤다.

도연서원에서

9. 도은재(陶隱齋)에서

타고난 뛰어난 글
어리다 밀리더니

스승의 괴임받고
끝내는 미움미끼

세 가지 버팀목되어
푸르름을 지켰다

때: 4338년(2005년) 8월 7일
곳: 도은재(陶隱齋) - 경상북도 성주군 수륜면 신파리

▶ 도은재(陶隱齋)

고려말 충신 이숭인(李崇仁) 도은(陶隱)공을 추모하는 곳이다. 공은 두문동 72현의 한 분이시다. 공은 공민왕 11년 문과에 장원급제하여 21세에 성균관 생원, 우사의대부(右司儀大夫), 예문관제학(藝文館提學)의 관직을 역임하였다. 임신변역에 고려에 대한 충의지절을 지키다가 정도전에 의해 말에 매달려 몸이 찢어지는 고통의 참살을 당했다.

도은재(문충사)

10. 망송재(望松齋)에서

옛 서울 바라보며
눈물로 절 올리네

꿈 속의 맑은 시내
이름도 붙여보며

도래솔 네모 눕자리
지켜왔네 뉘뉘로

때: 4338년(2005년) 11월 20일
곳: 망송재(望松齋) - 경상남도 합천군 용주면 용지리

▶ **망송재**(望松齋)

고려말 충신 한철중(韓哲冲) 몽계(夢溪)공을 추모하는 곳이다. 공은 청주인(淸州人)으로 고려말 절의충신이며, 두문동 72현이다. 공민왕 2년에 문과에 급제하여 양광도 안렴사(楊廣道 按廉使) 전법판서(典法判書)를 역임하였다. 고려의 국운이 기울자 두문동을 거쳐 상주 백원산에 은거하고 다시 고령의 벽송정을 거쳐 합천 조동에서 세상을 떠났다.

망송재

11. 맥산재(麥山齋)에서

나랏님 부름길이
멀고 먼 길이 되니

호랑이 잡은 터에
즈믄길 모신 아들

하이얀 이팝나무 꽃
넉넉하게 덮었다

때: 4339년(2006년) 5월 14일
곳: 맥산재(麥山齋) - 경상남도 창녕군 대지면 모산리

▶ **맥산재**(麥山齋)

고려의 충신 성인보(成仁輔) 중윤(中尹)공을 추모하는 곳이다. 공의 후손으로는 이헌 성여완, 정절 성사재, 청송 성수침, 매죽헌 성삼문 등이 있다. 고려 인종 때 호장(戶長)으로 중윤(中尹) 벼슬을 했으며, 창녕성씨 시조다. 공은 아들과 함께 조정 정사에 참여하러왔다 병을 얻어 돌아갔는데, 시신을 호랑이가 옮겨주어 공의 산소 옆에 호랑이 묘도 있다.

맥산재

12. 모선정(慕先亭)에서

높푸른 하늘 아래
솔과 대 우거진 곳

배움터 마련하여
가르친 품은 큰 뜻

아버지 깨끗한 모습
서로 모신 두 아들

때: 4329년(1996년) 10월 6일
곳: 모선정(慕先亭) - 경상남도 밀양군 초동면 신호리

▶ **모선정**(慕先亭)

　고려말 충신 박익(朴翊) 송은(松隱)공을 추모하는 곳이다. 공은 한림문학 예부시랑(翰林文學禮部侍郞)을 거쳐 세자이부 겸 중서령(世子貳傅兼中書令)이 되었고, 간성왕 때에 변방도적들을 싸워 물리치는데 공이 많았다. 고려 운이 다하자 고향으로 숨어 송은(松隱)이라 호하며 지냈다. 신조에서 좌의정(左議政)으로 불렀으나 끝내 나아가지 않고 절개를 지켰다.

모선정을 나오며

13. 무열공묘(武烈公墓)에서

달구벌 다다르니
짙푸른 솔뫼 속에

눕자리 시원하니
손꼽는 으뜸자리

세뚜리 하나로 함을
배워가는 자리다

때: 4335년(2002년) 10월 6일
곳: 무열공묘(武烈公墓) - 경상북도 칠곡군 기천면 낙산리

▶ 무열공묘(武烈公墓)

고려개국 좌명원훈 무열공(高麗開國 佐命元勳武烈公) 배현경(裵玄慶)을 모신 곳이다. 고려 태조 왕건을 도와 큰 공을 세워, 대광월성군 개국공(大匡月城郡開國公)으로 식읍 삼천호를 받았다. 태조는 공이 운명하자 벽상공신(壁上功臣)으로 올렸고, 성종이 삼중대광 검교태사(三重大匡檢校太師)를 증직하고 태조묘(太祖廟)에 배향하였다.

무열공 공부를 하며

14. 무우정(舞雩亭)에서

흘러서 이어내려
휘돌아 굽이치고

우뚝선 바위 밑에
꿋꿋이 내린 솔이

저들에 가르쳐주네
바로 알고 살라고

때: 4330년(1997년) 4월 6일
곳: 무우정(舞雩亭) - 경상북도 상주시 사벌면 삼덕리

▶ **무우정**(舞雩亭)

　무우정(舞雩亭)은 고려 말 충신 채귀하(蔡貴河) 다의당(多義堂)공을 추모하는 곳이다. 다의당공은 벼슬이 호조전서(戶曹典書) 에 이르렀는데 포은공의 선죽교 일을 보고 가족을 시골로 내려 보내고, 임신변역을 당해 동지들과 벽란도를 건너 시로써 작별하고 평산 모란산 밑 다의동에 숨었다. 마을 이름의 유래가 이로부터였고, 송경을 바라보며 또는 채미도를 걸어놓고 시를 읊기도 했다.

경천대

15. 미석재(彌石齋)에서

푸른 솔 미르뫼로
눕자리 포근하다

어버이 말씀 듣고
나라의 부름 받아

새 이름 큰 빛이 되어
집안 앞날 비춘다

때: 4335년(2002년) 12월 1일
곳: 미석재(彌石齋) - 경상북도 선산군 해평면 금호리

▶ **미석재**(彌石齋)

고려 개국공신(高麗 開國功臣) 휘 선궁(宣弓) 선산인(善山人) 김 순충(金順忠)공을 추모하는 곳이다. 공은 15살의 어린 나이로 종군을 희망하여 왕건이 친히 활을 하사하고 선궁(善弓)으로 사명(賜名)하였다고 한다. 공은 태조 왕건을 도와 삼한통일을 이룬 스물아홉 명의 개국벽상공신(開國壁上功臣) 중 한사람으로 문하시중(門下侍中)에까지 올랐다.

미석재

16. 봉강재(鳳岡齋)에서

미르못 무지개가
고운님 괴이드니

큰 기둥 든든하게
바람막 서른 해라

눕자리 아홉봉우리
넉넉하니 시원타

때: 4335년(2002년) 5월 5일
곳: 봉강재(鳳岡齋) - 경상북도 포항시 기계면 봉계리

▶ **봉강재**(鳳岡齋)

파평윤씨(坡平尹氏) 시조인 태사(太師)공 윤신달(尹莘達)을 추모하는 곳으로, 파주시 파평면에 있는 용연(龍淵)에 전해오는 전설이 유명하다. 공은 신라 경명왕 2년에 신숭겸, 홍유 등과 왕건을 추대한 공신으로, 태조 왕건이 대업의 공훈을 치하하여, 벽상삼한 익찬공신(壁上三韓翊贊功臣), 그리고 삼중대광 태사(三重大匡太師)를 내려주었다.

태사공묘에서

17. 봉정재(鳳停齋)에서

이저쪽 큰 나래로
맑은 터 잡아놓고

깨끗한 이름까지
티끌이 덮은 누리

한가위 넉넉한 달이
샛바다를 비춘다

때: 4339년(2006년) 10월 1일
곳: 봉정재(鳳停齋) - 경상북도 영덕군 창수면 미곡리

▶ **봉정재**(鳳停齋)

고려말 충신으로 휘 중청(仲淸) 신 이유헌(申理猷軒)공을 추모하는 곳이다. 공은 후에 득청(得淸)으로 이름을 고쳤으며 자는 징수(澄叟)다. 공은 27세에 문과 급제하여 여흥왕 때 이부상서(吏部尙書)에 올랐으나 세상이 혼탁해지자 고향 봉정산에 은거하다가, 임신변혁에 동해에 뛰어들어 생을 마쳤다.

봉정재

18. 부해정(浮海亭)에서

빗속의 마쪽 바다
푸르고 또 푸르다

곧은 길 아니보여
바다에 뜨리로다

그리는 서울 나그네
울려퍼진 임 노래

때: 4340년(2007년) 7월 1일
곳: 부해정(浮海亭) - 경상남도 고성군 회화면 배둔리

▶ **부해정**(浮海亭)

부해정(浮海亭)은 고려말 절신인 노 시중(盧侍中)공을 추모하는 곳이다. 공은 광주노씨(光州盧氏)로 휘 인정(仁正)이다. 가훈의 엄한 교육으로 의리가 남보다 특별하여 시중(侍中)의 높은 벼슬까지 이르렀다. 그러나 간신들의 장난에 고려의 운이 다하자 고향 고성으로 내려와 절개를 지켰다.

부해정에서

19. 산천재(山泉齋)에서

따라 온 다섯 아들
배우는 아버지 뜻

대 버들 심은 못에
어리는 달빛이라

여섯온 기나긴 나달
오늘에도 맑아라

때: 4333년(2000년) 11월 5일
곳: 산천재(山泉齋) - 경상북도 김천시 아포읍 예동

▶ **산천재**(山泉齋)

고려말 충신 이사경(李思敬) 송월당(送月堂)공을 추모하는 곳이다. 공은 벼슬이 정헌대부 판사재감사(正憲大夫 判司宰監事)에 이르렀으나 간신들의 농간으로 나라가 어지러워지자 감문아포에 숨어들었다. 이목은에 부탁해 택호를 송월당(送月堂)이라 받아왔는데, 이는 즈믄 가람에 비치는 달과 같이 모든 사람들에게 그 꼿꼿한 마음을 비춰주는 사람이라는 뜻이다. 공은 치악산 변혁사에도 참여하고 9정(九貞)의 한 분이다.

송월당 공부를 하며

20. 성곡재(城谷齋)에서

이 저쪽 물길 열어
다스린 큰 할배라

그 뒤를 이어받아
올곧음 일러주니

한고을 이름도 높여
오늘에도 기린다

때: 4336년(2003년) 9월 7일
곳: 성곡재(城谷齋) - 경상북도 안동시 서후면 성곡동

▶ 성곡재(城谷齋)

장태사(張太師) 충헌(忠獻)공을 추모하는 곳이다. 휘가 정필(貞弼)이며 장씨의 시조가 된 분이다. 고려 태조를 도와 견훤을 물리쳐 공을 세웠다. 특히 유학을 일으켜 고려 태조께서 삼중대광 벽상공신 예문관대제학(三重大匡壁上功臣藝文閣大提學)직을 내려 주었고, 아부(亞父)라 일컬었다.

성곡재

21. 성구사(誠久祠)에서

흙담이 구불구불
솔대가 푸르도다

한마음 이어이어
큰 기둥 셋이더라

멀리 온 나그네 모여
즈믄 노래 부른다

때: 4342년(2009년) 9월 6일
곳: 성구사(誠久祠) - 경상남도 마산시 진전면 일암리

▶ **성구사**(誠久祠)

고려말 충신 초계 변씨(草溪卞氏) 휘 빈(贇) 평리(評理)공을 추모하는 곳이다. 공은 대대로 무관의 고위 화직을 지낸 명문에서 태어났다. 벼슬이 문하평리(門下評理)에 이르러 국리민복(國利民福)에 기여했다. 고려말에 성만용, 이색, 정몽주, 홍재 등과 국운을 회복하려 하였으나 대세가 기울어져 송악산 두문동에 들어가 충절을 지켰다.

성구사

22. 송림재(松林齋)에서

솔과 대 어우러져
하늘따 더 푸르다

아들에 이름붙여
깊은 뜻 보여주고

끝끝내 버티던 몸이
불씨되어 사른다

때: 4336년(2003년) 6월 1일
곳: 송림재(松林齋) - 경상남도 창녕군 창녕읍 조산리

▶ **송림재**(松林齋)

고려말 충신 두문동 72현의 한 분인 정절공 성사제(貞節公 成思齊) 선생을 추모하는 곳이다. 공은 불훤재 문정공 신현(文靖公 申賢) 선생의 문하에서 배우고 과거에 올라 보문각 직제학(寶文閣直提學)에 올랐다. 고려 말 나라가 그릇되자 화해사전(華海師全) 편찬에 힘썼다. 임신변역 후 이성계의 회유에 따르지 않고 고향으로 숨어 끝내 굴하지 않고 불에 타 순절한 13현의 한 분이다.

송림재에서

23. 수일재(隨日齋)에서

하이얀 두 바위에
고운님 발자국을

따라온 서울이들
샛바다 붉은 넋에

올곧은 저 솔과 대는
여섯 온을 지킨다

때: 4330년(1997년) 1월 5일
곳: 수일재(隨日齋) - 경상북도 상주시 낙동면 낙동리

▶ **수일재**(隨日齋)

　고려말 충신 김제(金濟) 백암(白巖)공을 추모하는 곳이다. 간성왕 때 지평해군사(知平海郡事)가 되었는데 임신변역에 동해(샛바다)에서 아전에게 시 한 수를 지어주고, '옛날 중국에서도 이러한 때 동해로 들어 절개를 지킨 사람이 있는데, 내 이제 500년만의 한 사람으로 그를 물어 만나보련다' 하고 떠나가 종적을 알지 못하게 되었다. 동생분 또한 절개를 지킨 월암(月巖) 김주(金澍)공이다.

수일재

24. 숭덕재(崇惠齋)에서

그 옛날 즘게가지
새나라 달굿대라

두른 돌 댓집 속의
애와쁜 임의 모습

높이어 받드는 이들
든든하다 지킴이

때: 4336년(2003년) 7월 6일
곳: 숭덕재(崇惠齋) - 경상북도 구미시 해평면 해평동

▶ **숭덕재**(崇悳齋)

　신라 내물왕 후손 김장렬(金莊烈)공을 추모하는 곳이다. 공의 휘는 훤술(萱述)로 태조를 도와 큰 공을 세웠고, 국명에 의해 충신열사에 기록되어 벽상공신(壁上功臣)으로 삼중대광 문하시중(三重大匡 門下侍中)에 이르렀으며 해평군(海平君)에 봉해져 해평김씨(海平金氏)의 시조가 되었다.

숭덕재

25. 숭의재(崇義齋)에서

별보고 잡은 터에
거문고 줄을 골라

귀막고 타는 가락
아들에 이어 이어

나란히 디딤돌되어
큰 기둥을 받쳤다

때: 4332년(1999년) 6월 13일
곳: 숭의재(崇義齋) - 경상북도 의성군 의성읍 도동리

▶ 숭의재(崇義齋)

고려말 충신 장보지(張輔之) 일은(一隱)공을 추모하는 곳이다. 공은 벼슬이 이조전서 서운관 판사(吏曹典書書雲觀判事)로 승평군(昇平君)에 봉해졌으나 간신들의 농간으로 순천으로 물러났는데 임신변역에 신조의 부름을 끝내 마다하였다. 아들 사검(思儉)은 아버지 뜻을 따라 의성으로 숨어들어 호를 이은(二隱)이라 호를 하였고, 손자 비(斐)는 세은(世隱), 헌(憲)은 호가 삼은(三隱)으로 모두 조부의 뜻을 따라 신조에 벼슬을 하지 않았으므로 한 집안 4은(四隱)이라 일컬어진다.

숭의재에서

26. 숭의재(崇義齋)에서

고운뫼 푸른 하늘
달리는 누르기벌

곧은 이 맏님 찾아
솔대의 울타리 속

가야금 무릎에 얹고
서러움을 달랜다

때: 4338년(2005년) 10월 9일
곳: 숭의재(崇義齋) - 경상북도 김천시 부항면 지좌리

▶ **숭의재**(崇義齋)

고려말 충신 이존인(李存仁) 두은(杜隱)공을 추모하는 곳이다. 공은 벽진인(碧珍人)으로 품행이 청렴하고 겸손하였으며, 공민왕 때 문과에 등과하여 공조전서(工曹典書)에 올랐다. 고려가 망하고 신조정이 들어서자, 관직을 벗고 귀향하여 거문고, 시, 바둑으로 소일하며 불사이군의 절개를 지켰다.

숭의재

27. 양진당(養眞堂)에서

마가람 고개마루
터잡아 참 키우며

누에일 가르치니
온 누리 따뜻하네

올곧은 깨끗한 글이
오늘 더욱 맑아라

때: 4339년(2006년) 9월 3일
곳: 양진당(養眞堂) - 경상북도 안동시 수상동

▶ **양진당**(養眞堂)

양진당(養眞堂)은 고려말 충신 휘 시(蓍) 강 공목(姜恭穆)공을 추모하는 곳이다. 공은 강이식(姜以式) 장군의 후손으로, 공민왕 때 장원급제했고 우왕 때 안동 대도호부사, 문하찬성사(門下贊成事)에 진산군(晋山君)으로 봉해졌다. 임신변역에 막내아들 회계가 형을 받았으며, 공도 유배길에 올랐다. 훗날 상의문하 찬성사를 제수 받았지만 벼슬에 나아가지 않고 절개를 지켰다.

양진당

28. 옥계서원(玉溪書院)에서

무넘이 다리놓아
이 저쪽 오고가니

옛 벗이 손짓하며
새 서울 건너라네

남은 이 벼리를 지켜
오늘 우리 반긴다

때: 4339년(2006년) 6월 3일
곳: 옥계서원(玉溪書院) - 경상북도 구미시 인의동

▶ **옥계서원**(玉溪書院)

고려말 충신 휘 안세(安世) 장 송은(張松隱)공을 추모하는 곳이다. 공은 인동인(仁同人)으로 고려말 절의충신이며 두문동 72현 중 한 분이다. 고려말 벼슬이 정헌대부(正憲大夫) 덕령부윤(德寧府尹)이었다. 함흥에 부임했을 때 홍수가 범람하였으나 십년간 물을 다스리고 큰 나무를 엮어 성천강 만세교(萬世橋)를 설치하여 백성들을 다스렸다.

충정공 공부를 하며

29. 용강사(龍岡祠)에서

또 다시 찾은 집안
이름도 미르 큰 집

맏아우 한 뜻으로
죽 먹고 지킨 나날

두 그루 오리발나무
깨끗한 임 그린다

때: 4338년(2005년) 9월 4일
곳: 용강사(龍岡祠) - 경상남도 양산시 웅상읍 용당리

▶ **용강사**(龍岡祠)

　고려말 충신 사은(沙隱) 박윤웅(朴允雄)공을 추모하는 곳이다. 공은 공민왕 때 문과에 등과하여 충청감사(忠淸監司) 등 내외 직을 역임했다. 임신변역에 고향으로 돌아가 신왕조와 관계를 단절하고 북향하여 앉지도 않으며, 밤낮으로 삿갓을 쓰고 출입 하며 죽만 먹어 두죽재상(豆粥宰相)이라고 불렸다.

사은공 공부를 하며

30. 전서공묘(典書公墓)에서

휘도는 물굽이에
터 잡아 띠집 얽어

무넘이 괴로움을
건져준 참 선비라

뜻있는 많은 이들이
찾아오는 나루터

때: 4340년(2007년) 11월 4일
곳: 전서공묘(典書公墓) - 경상북도 안동시 풍천면 하회촌

▶ **전서공묘**(典書公墓)

고려말 절신 휘 종혜(從惠) 유 전서(柳典書)공을 추모하는 곳이다. 우왕 8년에 봉선대부(奉善大夫)로 군기소윤(軍器少尹)이라는 벼슬을 맡았다. 여말 신군벌(新軍閥)들이 농권(弄權)을 할 때 공조판서였으나, 나날이 나라가 어지러워짐에 공은 포은, 야은, 원곡, 상촌, 순은, 복애 등과 서로 교제하며 지내다 임신변역 때 안동 풍산에 숨어살았다.

전서공묘에서

31. 첨모재(瞻慕齋)에서

멀리서 바라본 터
사벌의 높은 언덕

끝끝내 마다하고
숨은 뜻 이어주려

푸른 못 다섯온 솔은
우뚝하게 서있다

때: 4331년(1998년) 11월 1일
곳: 첨모재(瞻慕齋) - 경상북도 상주시 화동면 판곡리

▶ **첨모재**(瞻慕齋)

고려말 충신 김구정(金九鼎) 감무(監務)공을 추모하는 곳이다. 공은 황간감무(黃澗監務) 때에 고려 운이 다함에 탄식한 나머지 분연히 망복의 뜻을 품고 고을 북쪽 백화산에 올라 상주 화령을 바라보고 골이 깊음을 좋아해 그 날로 벼슬을 버리고 숨어들어 자취를 감췄다. 현손도 뜻을 구해 숨어 살았고 그 아들은 임란 때 상주를 지키는 의병장으로 싸우다 전사했다.

첨모재에서

32. 청계서원(淸溪書院)에서

맑은 내 어여쁜 넋
물비늘 감아돌고

한 그루 하얀 송이
온 누리 덮어주니

깨끗한 임의 모습에
다져보는 새 바램

때: 4333년(2000년) 1월 9일
곳: 청계서원(淸溪書院) - 경상남도 진주시 본성동

▶ **청계서원**(淸溪書院)

고려말 충신 정천익(鄭天益) 퇴헌(退軒)공을 추모하는 곳이다. 공은 음사(蔭仕)로 여러 요직을 거쳐 판관(判官)이 되었다가 판부사(判府事)가 되었다. 삼우당 문익점의 장인으로, 원나라에서 들여온 목화 재배법을 전수받고 목화의 씨를 고르는 씨아와 실을 삼는 물레를 만들어 목화의 활용에 크게 기여하였다.

청계서원

33. 청금정(淸襟亭)에서

고운 뫼 굽이진 곳
안골엔 지키니라

높은 이 거듭거듭
뿌리친 맑은 마음

솔내음 거문고 소리
고을 가득 퍼지네

때: 4329년(1996년) 11월 3일
곳: 청금정(淸襟亭) - 경상남도 합천군 합천읍 내곡리

▶ **청금정**(淸襟亭)

고려말 충신 이치(李致) 어은(漁隱)공이 지어 살던 곳이다. 공은 간성왕 때에 보문각직제학(寶文閣直提學) 승평백(昇平伯)에 봉해졌으나, 임신변역이 되자 두문동으로 들어갔다. 신조에서 여러 번 불렀지만 나아가지 않고 이름을 감(敢)에서 치(致)로 고치고 두암동으로 숨고, 자손에게 경계해 '과거를 보지 말고 가업이나 온전히 하라' 일렀다.

청금정

34. 춘복재(春福齋)에서

높푸른 뫼허리에
볕바른 옛눕자리

즈믄 길 멀다않고
한가락 달려왔네

저 앞의 흐르는 가람
임의 모습 아닌가

때: 4335년(2002년) 6월 2일
곳: 춘복재(春福齋) - 경상남도 밀양시 교동

▶ 춘복재(春福齋)

  밀양손씨 시조인 광리군(廣理君) 손긍훈(孫兢訓) 무열(武烈) 공을 추모하는 곳이다. 시조(始祖) 순(順)의 7세손으로 고려 개국공신이다. 경북 선산에서 백제 신검의 군대를 격파하고 신검을 포로로 잡아와서 후삼국 통일의 공훈으로 광리군(廣理君)에 봉해졌고 삼중대광 사도(三重大匡 司徒)로 추증되었다.

송긍훈공 공부를 하며

35. 태장재(台庄齋)에서

그 옛날 소금물로
지켜낸 마쪽 새벌

세 가지 즘게나무
한 고장 굽어보네

여섯 온 저문해 끝에
다짐한다 새 바램

때: 4336년(2003년) 12월 7일
곳: 태장재(台庄齋) - 경상북도 안동시 서후면 태장리

▶ **태장재**(台庄齋)

안동김씨(安東金氏) 시조 김태사(金太師)공을 추모하는 곳이다. 공의 휘는 선평(宣平)이며 문무를 겸비하여 26세에 고창군 성주가 되었다. 왕건이 고창군 병산에서 견훤과 대전할 때, 공은 권행, 장길과 함께 견훤을 대파하여 큰 공을 세워, 삼한 벽상공신(三韓壁上功臣) 칭호를 받고 태사(太師)에 올랐다.

태장재

36. 퇴은정(退隱亭)에서

뫼 하나 우뚝 솟아
올라가 비는 마음

물리친 낟알들이
아홉 골 거름되어

물러나 숨으시온 뜻
새싹되어 자란다

때: 4330년(1997년) 3월 2일
곳: 퇴은정(退隱亭) - 경상북도 영주시 단산면 병산리

▶ **퇴은정**(退隱亭)

고려말 충신 이억(李嶷) 퇴은(退隱)공을 추모하는 곳이다. 공은 간성왕 말에 밀직부사(密直副使)가 되었으나 기미를 보고 소백산 아래 홍주 곧 부인의 고향으로 숨었으며, 신조에서 여러 번 불렀으나 나아가지 않았다. 공은 매달 초하루와 보름이면 서쪽산 최고봉에 올라 송경을 바라보고 통곡하며 절의를 지키다 돌아가니 그 봉우리를 지금도 국망봉(國望峰)이라 한다.

퇴은정

37. 학음재(鶴陰齋)에서

두루미 숨은 큰 뜻
이어온 그 가락 둘

하이얀 찔레 내음
온 누리 잦아들고

둘둘이 마주 앉아서
올곧음을 새긴다

때: 4331년(1998년) 5월 10일
곳: 학음재(鶴陰齋) - 경상남도 창녕군 유어면 세진리

▶ **학음재**(鶴陰齋)

고려말 충신 조계방(曺繼芳) 청구당(靑丘堂)공을 추모하는 곳이다. 공은 벼슬이 보문각 직제학(寶文閣直提學)에 이르렀는데, 여말에 당하여 국사가 날로 그릇되어가니 인끈을 풀어 던지고 창산 옛 고을로 숨어들었다. 임신변역에도 굳은 절개를 지켜 신조의 부름에 끝내 응하지 않고 두문동으로 들어가 절의를 지켰다.

학음재

38. 효사재(孝思齋)에서

솔대가 어우러져
할미새 머무르고

슬기로 깨우치니
낮은 이 높이 됐네

한겨레 기둥들 되어
세워졌소 다락이

때: 4329년(1996년) 4월 7일
곳: 효사재(孝思齋) - 경상북도 안동시 와룡면 서지리

▶ **효사재**(孝思齋)

고려말 충신 배상지(裵尙志) 백죽당(柏竹堂)공을 추모하는 곳이다. 공은 벼슬이 사복시판사(司僕寺判事)에 이르렀으나 나라 일이 날로 그릇되어 감에 벼슬을 버리고 아우와 더불어 영가(永嘉) 금계촌(今溪村)으로 물러났다. 임신변역 후에는 벼슬에 뜻을 두지 않고 시와 술로써 늙어갔다. 아들 형제들이 어버이를 위해 효사루(孝思樓)를 지었다.

효사재에서

전라남·북도·광주광역시

1. 거평사(居平祠)에서 • 192
2. 겸천서원(謙川書院)에서 • 194
3. 경사재(敬思齋)에서 • 196
4. 금남재(錦南齋)에서 • 198
5. 덕성당(德星堂)에서 • 200
6. 미남재(嵋南齋)에서 • 202
7. 반곡서원(泮谷書院)에서 • 204
8. 송암정(松菴亭)에서 • 206
9. 숭덕재(崇德齋)에서 • 208
10. 숭의재(崇義齋)에서 • 210
11. 여일재(麗日齋)에서 • 212
12. 영모재(永慕齋)에서 • 214
13. 영모재(永慕齋)에서 • 216
14. 영모정(永慕亭)에서 • 218
15. 영사각(永思閣)에서 • 220
16. 영운재(永雲齋)에서 • 222
17. 오충사(五忠祠)에서 • 224
18. 용호재(龍湖齋)에서 • 226
19. 우산서원(牛山書院)에서 • 228
20. 월현사(月峴祠)에서 • 230
21. 일신재(日新齋)에서 • 232
22. 장사재(長沙齋)에서 • 234
23. 재동서원(齋洞書院)에서 • 236
24. 중선재(重先齋)에서 • 238
25. 청지정(聽之亭)에서 • 240
26. 추원재(追遠齋)에서 • 242
27. 충경서원(忠敬書院)에서 • 244
28. 충의사(忠義祠)에서 • 246
29. 풍욕루(風浴樓)에서 • 248
30. 향보재(享保齋)에서 • 250

1. 거평사(居平祠)에서

눈꽃 속 새저마노
더듬어 길 찾았네

옛날만 생각하며
이름도 바꾸더니

저렇게 깨끗한 누리
보시려던 것일까

때: 4338년(2005년) 12월 4일
곳: 거평사(居平祠) - 전라남도 나주시 문평면 동원리

▶ **거평사**(居平祠)

거평사는 고려말 충신으로 노신(盧愼) 악은(岳隱)공을 추모하는 곳이다. 공은 고려말 절의충신이며, 공민왕 초 벼슬에 올라 감무(監務)를 시작으로 역천하여 정윤상호군(正尹上護軍)에 올랐다. 홍건적 내침으로 의주와 서경이 함락되자 왕이 안동까지 파천하였다. 그때 제장과 더불어 난적을 물리쳐 일등공신이 되었다. 임신변역에 보봉산으로 들어가 두문불출하여 호를 귀은(歸隱)이라 하고 불사이군의 절의를 지켰다. 후에 호를 악은(岳隱)이라 고쳤다.

거평사

2. 겸천서원(謙川書院)에서

맑은 내 굽어보며
우뚝 선 붉은 기둥

어버이 섬기면서
의초론 맏아우들

울 밖의 익어가는 감
서울손을 반긴다

때: 4332년(1999년) 10월 3일
곳: 겸천서원(謙川書院) - 전라남도 순천시 주암면 죽림리

▶ **겸천서원**(謙川書院)

고려말 충신 조유(趙瑜) 건곡(虔谷)공을 추모하는 곳이다. 공은 효성스러워 어머니상에 3년상 시묘살이를 다했고, 그 뒤 아버지상에 어머니를 옮겨 모심에 흙을 직접 져다 봉분을 쌓는 일을 했고, 또 계모상에도 한결같이 해 사람들이 감탄했다. 벼슬은 전농시 부정(典農寺副正)이었으나, 임신변역에 순창 건곡으로 숨어 신조의 부름도 끝까지 물리치고 말년에는 순천 부유촌 겸천으로 옮겨 몸을 깨끗이 지켰으니, 아버지와 형과 함께 부자 3현으로 이름났다.

겸천서원

3. 경사재(敬思齋)에서

달빛에 빚은 수레
하이얀 즈믄 자국

한 뿌리 두 가지가
저마다 우뚝하다

뒤 이은 바퀴자리에
햇살 가득 고인다

때: 4336년(2003년) 1월 6일
곳: 경사재(敬思齋) - 광주광역시 광산구 동호동

▶ **경사재**(敬思齋)

삼한공신 대승공(大丞公) 차운달(車運達)을 추모하는 곳이다. 공은 초휘(初諱)가 해(海), 자는 응통(應通) 호는 아사(鵝沙)이며, 신라말기에 유주, 지금의 황해도에서 부호였다고 한다. 왕건이 후백제 견훤을 정벌할 때, 군량과 수레 천 대를 보급하는 등 고려 건국의 큰 공이 있어 삼한 공신(三韓功臣)이 되었다.

경사재

4. 금남재(錦南齋)에서

어버이 받든 마음
지아비 섬긴터라

솔 서울 모진 바람
이겨낸 비단 잔디

어진이 깨끗함이라
오는 길은 포근해

때: 4333년(2000년) 2월 13일
곳: 금남재(錦南齋) - 전라북도 남원시 노암동

▶ **금남재**(錦南齋)

　고려말 충신 오상덕(吳尙德) 두암(杜菴)공을 추모하는 곳이다. 공은 학식이 높아 대유(大儒)로써 불리웠고 부모상에 단상을 할 때 공만은 3년상에 여묘살이를 하였다. 학교를 세워 유술(儒術)을 가르치기를 건의도 하고, 벼슬은 봉선대부 소부시소감(奉善大夫小府寺少監)이었으나 나라가 어지러워지니 유학을 가르치는 데에 온 힘을 써 학당을 세워 학생을 가르쳤다. 임신변역에 김수은(金樹隱)공과 함께 남원으로 숨어 자취를 감췄다.

금남재에서

5. 덕성당(德星堂)에서

타고난 슬기로써
얼룩을 지르잡아

반듯한 주춧돌 된
이 고장 자랑이라

온 누리 나그네 노래
메아리로 뜨겁다

때: 4335년(2002년) 9월 1일
곳: 덕성당(德星堂) - 전라남도 영암군 구림면 구림리

▶ **덕성당**(德星堂)

낭주인(朗州人) 최지몽(崔知夢) 민휴(敏休)공을 추모하는 곳이다. 공은 경사를 섭렵하고 천문지리에도 정통했다고 한다. 뛰어난 예지로 왕건의 꿈을 잘 해석해주어 지몽(知夢)이라는 이름을 내렸다 한다. 태조 왕건을 구했고 왕건의 책사가 되어 삼국 통일의 공을 세웠다. 후에 태자태부(太子太傅)로 추증되었다.

덕성당에서

6. 미남재(嵋南齋)에서

뫼마루 구름 벗해
거문고 타는 가락

끊였다 이어지니
눈물에 젖는구나

아버지 그리고 아우
하나같은 세 마음

때: 4332년(1999년) 9월 12일
곳: 미남재(嵋南齋) - 전라남도 순창군 풍산면 유정리

▶ **미남재**(嵋南齋)

고려말 충신 조영(趙瑛) 요재(樂齋)공을 추모하는 곳이다. 공은 대인군자의 풍모로 자라 영달을 꿈꾸지 않았는데 여러 사람들의 추천을 받아 서운관 부정(書雲觀副正)에 나아갔으나 곧 버리고 물러났고, 임신변역에 여러 벼슬로 신조에서 불렀으나 끝내 나가지 않았다. 달 밝고 바람 맑은 날이면 집 뒤 높은 봉에 올라 거문고로 노래하며 술 한잔으로 슬픔을 달랬으니, 후인들이 그 봉우리를 정금봉(停琴峰)이라 불렀다.

미남재

7. 반곡서원(泮谷書院)에서

붉은 해 솟은 언덕
큰 다락 희고 희다

함께한 세 어진이
발자국 뚜렷하다

불 속에 태워진 몸이
지켜냈다 올곧음

때: 4340년(2007년) 1월 7일
곳: 반곡서원(泮谷書院) - 전라북도 완주군 비봉면 수선리

▶ **반곡서원**(泮谷書院)

고려말 충신 국유(鞠襦) 복애(伏崖)공을 추모하는 곳이다. 공은 두문동 72현의 한 분으로, 익제 이제현 문하에서 학문하였다. 공민왕 18년 탐라에서 목호난이 일어나자 도통사 최영을 따라 부통사(副通使)가 되어 난을 평정했다. 후에 곡주에서도 병란을 평정하고 전공을 세웠다. 새 조정에서 예조판서(禮曹判書)를 제수했으나 거절한 후, 두문동에 들어가 순절했다.

반곡서원

8. 송암정(松菴亭)에서

한 다락 얽어놓고
첫 손님 맞아주신

온 살의 늙은 할배
옛 할배 모습이라

불길 속 던진 매운 몸
얼까지야 탔으랴

때: 4334년(2001년) 5월 6일
곳: 송암정(松菴亭) - 전라북도 남원시 수지면 호곡리

▶ **송암정**(松菴亭)

　고려말 충신 박문수(朴門壽) 송암(松菴)공을 추모하는 곳이다. 공은 공민왕 2년 대과에 급제하여 벼슬이 수성보조공신 가선대부 도평의사찬성사 우정승(輸誠輔祚功臣嘉善大夫都評議使贊成事右政丞)에 올랐고, 목은 이색, 포은 정몽주 등과 도의로 교분을 맺었다. 정치가 그릇되자 관직에서 물러나서 만수산 배록동에 들어가 이름마저 문주(文柱)에서 문수(文壽)로 고치고 손수 소나무를 심고 호를 송암(松菴)이라 하여 절개를 지켰다.

송암정에서

9. 숭덕재(崇德齋)에서

마한 뫼 솔내음에
달빛이 머무르고

어버이 높은 뜻을
따라준 아들 마음

푸르른 저 앞 가람과
길이 함께 흐른다

때: 4328년(1995년) 10월 1일
곳: 숭덕재(崇德齋) - 전라북도 남원시 대강면 방동리

▶ **숭덕재**(崇德齋)

고려말 충신 진우란(晉于蘭) 월당(月堂)공을 추모하는 곳이다. 공은 공민왕 때에 한림원(翰林院) 집현전학사(集賢殿學士)였는데 임신변역을 당해 두문동에 들었다가 곧 낙향하여 두류산으로 자취를 감췄다. 형 여란(如蘭)도 벼슬을 버리고 두류산으로 숨어들었고, 두 아들도 아버지 뜻을 따라 절개를 지켰다.

숭덕재에서

10. 숭의재(崇義齋)에서

보슬비 젖은 솔이
더욱더 푸르른데

높으면 받을손가
한마음 지키리라

삽사리 마주한 노래
한가락이 부르네

―――――――――
때: 4330년(1997년) 12월 7일
곳: 숭의재(崇義齋) - 전라북도 장수군 계내면 금덕리

▶ **숭의재**(崇義齋)

고려말 충신 백장(白莊) 정신재(靜愼齋)공을 추모하는 곳이다. 공은 벼슬이 보문각대제학(寶文閣大提學)에 이르렀으나 여말을 당하여 벼슬을 던지고 치악산으로 숨어들었다. 그 뒤 임신변역에 미쳐 신조에서 여러 번 불렀으나 나아가지 않고 귀양을 살았다. 적소에서 돌아가니 영의정(領議政)을 증직하였는데 그 날에 갑자기 광풍과 뇌성에 폭우가 쏟아져 사람들이 다 놀랐다.

숭의재

11. 여일재(麗日齋)에서

고운 해 땅속 깊이
잠든 싹 고이 깨워

멀리 온 바닷물에
씻기어 더 푸르고

사흘을 울던 기러기
고을 이름 남겼네

때: 4331년(1998년) 3월 1일
곳: 여일재(麗日齋) - 전라남도 여수시 낙포동

▶ **여일재**(麗日齋)

고려말 충신 공은(孔隱) 고산(孤山)공을 추모하는 곳이다. 공은 벼슬이 문하시랑평장사(門下侍郎平章事)에 이르렀으나 이단들의 상소로 예안 의금도로 귀양을 갔다. 풀려나오자마자 고려운이 다하여, 신조에서 여러 번 불렀으나 듣지 않자 순천으로 귀양을 보냈다. 적소 두솔봉 밑에 정자를 짓고 천해(天海)라 이름하고, 차라리 바다에 빠져 죽는 한이 있다 하더라도 절개는 꺾지 않겠다는 높은 뜻과 꼿꼿한 절개를 나타내며 살다 돌아갔다.

여일재

12. 영모재(永慕齋)에서

달뫼에 저문 글월
빛고을 드러내고

수건에 배인 눈물
앞내로 이어내려

여섯 온 오늘 한가락
비쳐보고 갑니다

때: 4331년(1998년) 6월 14일
곳: 영모재(永慕齋) - 광주광역시 서구 진월동

▶ **영모재**(永慕齋)

고려말 충신 정광(程廣) 건천(巾川)공을 추모하는 곳이다. 공은 벼슬이 전중성판사(殿中省判事)에 이르렀으나 간성왕 즉위년에 일이 그릇됨을 짐작하고 벼슬을 버리고 고향으로 돌아왔는데 얼마 후 임신변역이 생기니 깊이 숨어 나오지 않고 평소의 가졌던 생각들을 글로 많이 남겼다. 자손들에게 경계하는 시가 있는데 '너희들은 여조의 신하이니 어찌 신조를 섬기겠느냐 만약 남의 신하의 도리를 안다면 전왕의 은혜를 잊지 말지어다' 했다.

영모재

13. 영모재(永慕齋)에서

즈믄 길 불볕더위
겨울꽃 땅끝 마을

부르는 메아리도
모른 척 숨어살자

돌새겨 세우지말라
이젠 더욱 우뚝해

때: 4339년(2006년) 8월 6일
곳: 영모재(永慕齋) - 전라남도 강진군 작천면 토마리

▶ **영모재**(永慕齋)

고려말 충신 강은(康隱)공을 추모하는 곳이다. 공은 이름이 김칠양(金七陽)이며, 충렬공(忠烈公) 김방경장군(金方慶將軍)의 후손이다. 안동인(安東人)으로 공은 가정 이곡의 문하에서 성리학을 연구하였으며, 고려가 망하자 불사이군의 정신을 지켜 새 조정에서 여러 번 불렀으나 관직에 오르지 않고 귀향하여 생을 마쳤다.

영모재에서

14. 영모정(永慕亭)에서

맑은 내 이어내려
깨끗이 지킴이라

높은 이 낮은 자리
지킨 뜻 한가락이

오늘에 금은이라고
높여 지어 드렸네

때: 4330년(1997년) 7월 6일
곳: 영모정(永慕亭) - 전라남도 나주군 다시면 회진리

▶ **영모정**(永慕亭)

고려말 충신 임탁(林卓) 금은(錦隱)공을 추모하는 곳이다. 공은 벼슬이 소윤(少尹)에 올랐으나, 고려 운이 다하니 동지들과 더불어 두문동에 들어갔었고, 치악산 단사에도 참여했었으며 신조에서 여러 번 불렀으나 종신토록 나오지 않았다. 공은 조승숙, 이종학 등과 더불어 십열(十烈)로 일컬을 정도로 맵게 절의를 지켰다. 아들 봉(鳳)과 손자 시소(始巢)도 벼슬하지 않고 숨어 살아 3대 충신이라 일컬어진다. 우리 한가락 모임에서 공의 호를 금은(錦隱)이라 지어 올렸다.

영모정

15. 영사각(永思閣)에서

이으라 따르거라
내려준 어진 말을

솔대에 새기면서
사흘을 굶었는데

새 부름 거듭한다고
머리라도 돌릴까

때: 4335년(2002년) 2월 3일
곳: 영사각(永思閣) - 전라남도 나주시 세지면 송제리

▶ **영사각**(永思閣)

고려말 충신으로 나계종(羅繼從) 죽헌(竹軒)공을 추모하는 곳이다. 벼슬이 예문관제학(藝文館提學)에까지 올랐으며, 공민왕께서 선조의 뜻을 이으라 계종이란 이름을 내려주었다. 고려가 운을 다하자 공은 통곡하며 집안에 일러 사흘을 불 지피지 않게 하고 공민왕 현릉에 참배하고 식구를 데리고 나주 석간동으로 숨어 죽헌거사(竹軒居士)라 하며 살았다.

영사각

16. 영운재(永雲齋)에서

구름샘 아홉구비
터잡아 다락얽고

떠가는 구름속에
조오는 할아버지

시원한 맑은 바람에
옷자락을 여민다

때: 4343년(2010년) 8월 8일
곳: 영운재(永雲齋) - 전라북도 정읍시 산내면 매죽리

▶ **영운재**(永雲齋)

고려말 충신 송교(宋郊) 수운(宋睡雲)공을 모시는 재실로, 공은 충숙왕 복위 5년에 등과하여 벼슬이 중정대부 전의령에 이르렀다. 그러나 신돈의 정란 때 벼슬을 버리고, 고부 태인으로 숨어 스스로 수운(睡雲)이라 호를 지어 부르며 두문 절세한 고결한 충신이다.

영운재에서

17. 오충사(五忠祠)에서

먼먼곳 바다 끝에
다락을 얽어놓고

솔과 달 벗하면서
옛노래 부르리라

이은 뜻 붉은 기둥이
아름다이 든든해

때: 4342년(2009년) 10월 10일
곳: 오충사(五忠祠) - 전라남도 보성군 보성읍 보성리

▶ **오충사**(五忠祠)

고려말 충신 선윤지(宣允祉) 퇴휴당(退休堂)공을 추모하는 곳이다. 공은 영특하여 15세에 대학에 들어갔다. 약관에 장원급제하며 벼슬이 문연각 학사(文淵閣學士)에 올랐다. 여흥왕 8년에 전라도 관찰사 겸 안렴사(觀察使兼按廉使)가 되었다. 고려의 운이 다함에 새 조정에서 불렀으나 나아가지 않고 절개를 지켰다.

충의당 앞에서

18. 용호재(龍湖齋)에서

바른 길 가르치러
미르로 오셨는가

맑은 내 지키려고
숨은 뜻 길이 새겨

실버들 아지랑이에
취한 서울 나그네

때: 4330년(1997년) 5월 4일
곳: 용호재(龍湖齋) - 광주광역시 북구 생용동

▶ **용호재**(龍湖齋)

고려말 충신 범세동(范世東) 복애(伏崖)공을 추모하는 곳이다. 공은 벼슬이 간의대부(諫議大夫)에 이르렀고, 원운곡 등과 함께 동방사문연원록을 지었다. 임신변역에 두문동이 불타니 고향으로 내려가, 나주 복암(伏巖)에 숨어 낚시로 세월을 보냈다. 또한 화해사전, 화동인물총기, 북부여기, 가섭원부여기 등을 썼고, 이목은과 일찍이 천부경을 주해하기도 했다.

용호재

19. 우산서원(牛山書院)에서

임 머문 넓은 뜨락
시원한 매미소리

곧은 길 한길이니
물러나 쉬리로다

이은 이 모시는 뜻이
가지런한 솔밭들

때: 4342년(2009년) 8월 2일
곳: 우산서원(牛山書院) - 전라남도 무안군 몽탄면 사창리

▶ 우산서원(牛山書院)

고려말 충신 김대경(金臺卿) 월당(月塘)공을 추모하는 곳이다. 공은 충숙왕 13년 문과에 급제하여 여러 관직을 거쳐 봉익대부 보문각 대제학(奉翊大夫寶文閣大提學)에 이르렀다. 목은 이색과 더불어 국사를 바로잡으려 했으나 뜻대로 되지 않고 국정이 날로 그릇되자, 직언으로 극간하여 안로현에 유배당하였다.

우산서원

20. 월현사(月峴祠)에서

한 마음 다지면서
달 따라 머문 자리

옛님을 바라보다
끝내는 병드셨네

팽나무 넓은 그늘에
피어나는 온 마을

때: 4332년(1999년) 7월 4일
곳: 월현사(月峴祠) - 전라남도 영광군 영광읍 단주리

▶ **월현사**(月峴祠)

고려말 충신 박침(朴忱) 전서(典書)공을 추모하는 곳이다. 공은 벼슬이 호조전서(戶曹典書)에 이르렀는데 임신변역에 두문동에 들어갔다가 다시 장단으로 물러나 세상을 끊고 살았는데 신조에서 세 번이나 불렀으나 끝내 나아가지 않았고 치악산 변혁사에 참여했었고 송악을 바라보고 통곡하다 병이 들어 돌아갔다. 세상에선 9일민의 한 사람으로 일컫는다.

월현사에서

21. 일신재(日新齋)에서

빛고을 맑은 시내
흘러서 내림이라

어버이 섬긴 큰 맘
법인들 지나치리

범띠 해 첫 달 한가락
노래 읊고 갑니다

때: 4331년(1998년) 1월 4일
곳: 일신재(日新齋) - 광주광역시 북구 일곡동

▶ **일신재** (日新齋)

　고려말 충신 노준공(盧俊恭) 심계(心溪)공을 추모하는 곳이다. 공은 어려서부터 효도가 지극해서 뜻과 몸을 받들어 드렸다 한다. 공은 부모의 시묘살이를 할 때, 정성을 다하니 범이 와서 항상 뒤따라 집에서 키우는 개같이 순하게 되었었다고 한다. 여말을 당하여 후학들을 키우는데 정성을 쏟았고 고려 운이 다하니 집 뒤에 단을 쌓고 삭망으로 곡하였다고 한다.

일신재

22. 장사재(長沙齋)에서

도린곁 빗밑 마루
솔대만 푸르구나

뉘뉘로 높은 벼슬
안갚음 넉넉하다

곳곳에 어려운 일들
가시아비 함께해

―――――――――
때: 4340년(2007년) 8월 5일
곳: 장사재(長沙齋) - 전라북도 고창군 상하면 하장리

▶ **장사재**(長沙齋)

고려말 절신인 김신보(金臣寶) 도통사(都統使)공을 추모하는 곳이다. 공은 우왕 3년에 해주 전투에서 왜구를 함몰시키는데 지극한 공을 세워 봉순대부 도통사(奉順大夫都統使)에 올랐다. 임신변역이 일어나자 굳은 절개로 관직을 버리고 오성, 지금의 장성으로 남하하여 절개를 지켰다.

장사재

23. 재동서원(齋洞書院)에서

눈물에 젖어 젖어
끝까지 달려가니

이것이 미친걸까
정말로 아닌 것을

숙여진 벼이삭들을
허수아비 지키네

때: 4331년(1998년) 9월 6일
곳: 재동서원(齋洞書院) - 전라남도 고흥군 대서면 화산리

▶ **재동서원**(齋洞書院)

　조선 세종조 충신으로 송간(宋侃) 서재(西齋)공을 추모하는 곳이다. 공은 문종과 단종을 섬겨 형조참판(刑曹參判) 동지중추부에 이르렀고, 단종 3년에 팔도진무사로 호남을 순찰하고 돌아오다가 단종의 양위 소식을 듣고 원통함을 달래지 못해 세상을 하직하였다.

재동서원에서

24. 중선재(重先齋)에서

솔 마을 터 잡고서
솔 다락 얽은 아들

이어온 으뜸자리
물리친 어진이여

한가람 비친 서울도
아니보며 살련다

때: 4335년(2002년) 1월 6일
곳: 중선재(重先齋) - 전라남도 고흥군 대서면 안남리

▶ **중선재**(重先齋)

고려말 충신 송인(宋寅) 송촌(松村)공을 추모하는 곳이다. 공민왕조에 진사에 올라 고려 말에 판도판서(版圖判書)와 정당문학(政堂文學)을 거쳐 좌시중(左侍中)에 올랐다. 고려의 운이 다하고 조선조가 개국함에 벼슬을 버리고 두문동에 들어가 항절하다가, 만년에는 고령 땅의 송림촌에 은거, 종신 한강을 건너지 않았다고 한다.

중선재에서

25. 청지정(聽之亭)에서

탁 트인 하늘 아래
말 없는 다락이라

빠알간 배롱꽃은
고운님 모습인가

서울 손 느티아래서
노래 소리 시원타

때: 4330년(1997년) 9월 7일
곳: 청지정(聽之亭) - 광주광역시 서구 화정동

▶ **청지정**(聽之亭)

고려말 충신 정희(鄭熙) 묵은(默隱)공을 추모하는 곳이다. 공은 벼슬이 장령 진현관 직제학(掌令進賢館直提學) 집의(執義) 등을 거치면서 정도전, 남은, 조준 등을 탄핵하다가 정포은이 해를 당한 후 귀양을 가게 되었다. 임신변역 뒤에 풀렸으나 세상을 끊고 살았다. 신조에서 불렀으나 듣지 않고 묵은이라 호를 하여 조용히 살다 생을 마쳤다. 세상에서 9정(九貞)으로 불리운다.

화담사 뜰에서

26. 추원재(追遠齋)에서

하이얀 깊은 골에
돌담 속 어진이라

기운 축 두 손으로
한마음 다했는데

도래솔 푸르름 속에
옛 서울만 그린다

때: 4341년(2008년) 1월 6일
곳: 추원재(追遠齋) - 전라남도 담양군 대덕면 비차리

▶ **추원재**(追遠齋)

고려말 두문동 72현의 한 분인 절의충신 송계(宋桂) 시중(侍中)공을 추모하는 곳이다. 공은 벼슬이 시중(侍中)으로 임신지변을 당했을 때, 벼슬을 던지고 두문동에 들어가 충절을 지킨 분이다. 특히 두 아들에게 유언하여 '봉분하지 말고 평장하여 망한 나라의 대부라는 부끄러움을 드러내지 말라' 했다고 한다.

추원재에서

27. 충경서원(忠敬書院)에서

닭해의 끝자락에
그린님 찾았더니

붉은 맘 한결같아
남긴 글 구슬이라

곧은 길 아버지 아들
이어 이어 골 잘 해

때: 4339년(2006년) 1월 8일
곳: 충경서원(忠敬書院) - 전라남도 나주시 사명동산

▶ 충경서원(忠敬書院)

고려말 충신 염치중(廉致中) 송은(松隱)공을 추모하는 곳이다. 공은 포은의 가르침을 받아 벼슬이 봉익대부 상호군 판종부시사(奉翊大夫上護軍判宗簿寺事)에 올랐다. 고려말 정치가 날로 그릇되어가자 풍악산으로 피했고, 아들 폐와(閉窩)공과 만수산 서쪽 두문동에 초막을 지어 세상을 끊고 절의를 지켰다.

충경서원

28. 충의사(忠義祠)에서

곧은 길 끝끝자락
이어온 아비 아들

함께한 가시아비
온누리 우듬지라

검스런 빼어난 붓글
내리내리 이었네

때: 4340년(2007년) 2월 4일
곳: 충의사(忠義祠) - 전라남도 고흥군 남양면 침교리

▶ **충의사**(忠義祠)

고려말 두문절신인 신포시(申包翅) 호천(壺村)공을 추모하는 곳이다. 여흥왕 9년에 이방원과 함께 급제하였다. 고려에 처음으로 성리학을 소개하여, 정주학 도서에 주(註)를 냄으로써 사람들이 공부하게 했다. 임신변역에 빙부와 부친을 모시고 남원으로 물러나 고반의 삶을 살았다.

충의사

29. 풍욕루(風浴樓)에서

꽃바람 꽃비속에
씻기운 붉은 다락

솔과 대 바라보며
다짐한 세 어진이

눈물진 저 뫼 그늘에
햇살 가득 퍼진다

때: 4331년(1998년) 4월 12일
곳: 풍욕루(風浴樓) - 전라북도 고창군 해리면 송산리

▶ **풍욕루**(風浴樓)

고려말 충신 성부(成溥) 미산(眉山)공을 추모하는 곳이다. 공은 벼슬이 형부총랑(刑部摠郞)이었으나 임신변역에 두문동으로 들어갔다. 사람들은 공을 송산 조견, 병재 남을진과 더불어 유양 3은(維楊三隱)으로 일컬었으며, 셋이서 만나면 거문고로 마음을 주고 받았다고 한다.

풍욕루

30. 향보재(享保齋)에서

미르뫼 솔마루에
바위로 지내리라

찬서리 맞아가며
띠풀을 보듬고서

달무리 고운 무지개
우러르는 어진이

때: 4332년(1999년) 12월 5일
곳: 향보재(享保齋) - 전라북도 남원시 송동면 송상리

▶ **향보재**(享保齋)

　고려말 충신 양우(梁祐) 묵재(默齋)공을 추모하는 곳이다. 공은 벼슬이 봉익대부 판도판서(奉翊大夫版圖判書)에 이르렀으나 고려 운이 다하자 고향 집으로 물러나왔는데 신조에서 부르나 나아가지 않고 남원 교룡산으로 숨어들어 용강거사라 이름하며 낮에는 하늘을 보지 않고 밤에는 옷을 벗지 않고 지냈으며 사람과 만나면 말과 웃음이 없어 사람들이 묵옹(默翁)이라 불렀고 세상을 버리는 날 밤에 무지개가 하늘에 뻗쳤으며 3일 전에는 교룡산에서 우뢰가 울렸었다고 한다.

향보재

▫ 지은이 약력

안일당(安一堂) 이원희(李元熙)

- 경기 안양생
- 시조와 비평 신인상 수상
- 황산시조 문학상 수상
- 한가락 시조모임 회원
- 한국시조시인협회 회원
- 동백문학회 회원
- 동천서숙(東天書塾) 총무
- 한시집 『樓亭風月』, 『麗末大節』, 『麗末節臣』, 『大韓三十景』 공저
- 시조집 『솔바람이 그리워』

E-mail : anildang@hanmail.net

안일당 시조집
솔바람이 그리워

2011년 4월 21일 초판1쇄 인쇄
2011년 4월 29일 초판1쇄 발행

지은이 | 이 원 희
펴낸이 | 김 영 환
펴낸곳 | 도서출판 다운샘

138-857 서울특별시 송파구 오금동 48-8
전화 02) 449-9172 전송 02) 431-4151
E-mail : dusbook@naver.com
등록 제17-111호 (1993.8.26)

ISBN 978-89-5817-247-5 03810

값 15,000원